新编21世纪心理学系列教材

中学生心理辅导

陈功香　石建军　编著

Psychological Counseling for Middle School Students

中国人民大学出版社
·北京·

内容简介

本书根据一线教师教学实际和学生学习需要编写而成，共包括九章内容。前三章系统介绍了中学生心理辅导的基础知识、途径、常用技术与方法，后六章从理论和实践两个方面介绍了中学生心理辅导的主要内容，包括自我意识辅导、人际交往辅导、学习心理辅导、情绪辅导、生涯辅导、性教育等六大主题。在每个主题中，都设计了一节详细具体、操作性强的心理课和一个团体心理辅导活动方案，以提高学生将知识应用于实践的能力；章前的知识概图，则有利于学生对内容的系统把握与学习。本书适合作为高等院校心理学、教育学等专业的教材，也可供广大教育工作者参考使用。

作者简介

陈功香　教授，博士生导师，济南大学教育与心理科学学院院长。济南心理学会理事长，山东积极心理学会副理事长，山东省家庭教育宣讲团成员，山东省教育科学研究院兼职教研员。长期从事学习、记忆与心理健康的研究，主持国家自然科学基金等多项省部级课题。发表论文四十余篇，曾获山东省高等学校优秀科研成果奖二等奖、山东省社会科学优秀成果奖三等奖。

石建军　济南市教育教学研究院心理教研员，山东师范大学、济南大学硕士研究生导师，山东省教育科学研究院兼职教研员。20年中学心理教师任职经历，教育部首届全国中小学心理健康教育工作会议（2012，厦门）全国唯一心理教师代表，先后承担和参与各级科研课题及子课题和项目36项，主编和参编教育和心理著作22部。

前言

中学生最大的特点是普遍遭遇因身体和心理的加速成长与发展而导致的自我同一性的心理危机：他们既成熟又幼稚，既独立又依赖，既激进又保守。在今天这个多元、多变、多样化的社会，青少年群体的心理问题日益凸显。各种生活挑战和心理矛盾激烈碰撞，青少年容易在学习、生活、人际交往和自我意识等方面出现各种各样的心理问题。

青少年是否健康发展，对我国未来国民整体素质的提升，具有重大战略意义。党的十九大以后，青少年的心理健康得到了党中央的高度关注。习近平总书记在全国卫生与健康大会上指出，要加大心理健康问题基础性研究，做好心理健康知识和心理疾病科普工作，规范发展心理治疗、心理咨询等心理健康服务。《中华人民共和国国民经济和社会发展第十四个五年规划纲要》《“健康中国2030”规划纲要》都对加强心理健康服务提出了明确要求。2021年教育部、国家发展改革委、财政部、国家卫生健康委、市场监管总局等五部门联合印发《关于全面加强和改进新时代学校卫生与健康教育工作的意见》，明确了新时代学校卫生与健康教育工作的指导思想和基本原则，把全面提升学生健康素养纳入高质量教育体系，作为学校教育重要目标和评价标准。根据2020年心理健康蓝皮书《中国国民心理健康发展报告（2019—2020）》，十余年间青少年的心理健康水平稳中有降，2020年青少年抑郁检出率为24.6％，其中，轻度抑郁的检出率为17.2％，重度抑郁为7.4％。青少年心理健康工作是健康中国建设的重要内容，青少年心理行为问题发生率和精神障碍患病率已成为关系国家和民族未来的重要公共卫生问题，如何促进青少年心理健康发展，已经成为全社会普遍关注的话题。

中小学心理健康教育是在积极心理学指导下，面向全体学生开展的发现学生潜能、培育健康人格的教育工作。中共教育部党组印发的《高等学校学生心理健康教育指导纲要》，要求把立德树人的成效作为检验学校一切工作的根本标准，着力培养德智体美全面发展的社会主义建设者和接班人。坚持育心与育德相统一，加强人文关怀和心理疏导，规范发展心理健康教育与咨询服务，更好地适应和满足学生心理健康教育服务需求。总体目标要求达到教育教学、实践活动、咨询服务、预防干预“四位一体”的心理健康教育工作格局基本形成。心理健康教育的覆盖面、受益面不断扩大，学生心理健康意识明显增强，心理健康素质普遍提升。

目前，一方面，学校专兼职心理教师普遍严重缺乏，培训不到位，业务能力弱，不能及时识别和干预学生精神心理问题。另一方面，心理健康课没有列为国家课程，部分学校管理者心理健康素养不适应现实需求，学生心理服务工作严重滞后。因此，要加强心理服务人才培养，完善心理学学科建设，在有条件的高校开设相关专业，组织编写统一的心理健康教材。

当前中学生心理辅导的教材并不算多，目前常见的有伍新春教授主编的《中学生心理辅导》(高等教育出版社，2010)、乔建中教授主编的《中学生心理辅导》(北京师范大学出版社，2013)、闻素霞教授主编的《中学生心理辅导》(华东师范大学出版社，2014)、梁斌教授等主编的《中学生心理辅导》(科学出版社，2012)，以及姜淑梅教授主编的《中学生心理辅导》(清华大学出版社，2010)。这些优秀的教材在我们编写本教材过程中给我们提供了启发和借鉴。与同类教材相比，本书有以下几个方面的特点：

一是在中学生心理辅导的主题内容设置方面，不同于诸多教材以3～4个主题内容为主，本书根据学生实际，设置了六个主题内容，在主题内容上更加丰富和充实。特别是性教育主题，更是同类教材所没有，但实际上又是师生特别需要的。二是在主题内容的写作方面，不同于同类教材以理论介绍为主，本书完全做到了理论与实践相结合，甚至实践多于理论。每个主题内容，除了基本的理论介绍，都提供了一节详细具体、操作性强的心理课例和团体心理辅导方案，使得读者一看就懂，一学就会，并可以直接在自己的心理课堂教学和团体心理辅导中应用。三是在结构上，每个章节均由五部分内容构成，其中知识概图和拓展阅读是多数同类教材所没有的。四是在作者的构成上，不同于诸多教材基本上以高校学者为主，本书由高校学者和地市心理教研员共同完成。高校学者保证了理论的科学性和前沿性，心理教研员保证了实践活动的有效性和操作性，使本书真正做到了“上接天气，下接地气”。

本书是在作者自2014年起于济南大学开设的“中学生心理辅导与学习方

法指导”课程的基础上编写而成，并于2017年5月通过了济南大学的教材立项。我们在《中小学心理健康教育指导纲要（2012年修订）》提出的心理健康教育工作的六大主要内容的基础上，根据工作实际和学生需要，又增加了性教育，构成了自我意识、人际交往、学习心理、情绪、生涯、性教育六大学习领域。

本书可供中小学心理教师和心理健康教育工作者使用。可作为各高校教育硕士心理健康领域中学生心理辅导等相关课程的教材使用，也可作为师范类本科生的教材使用。

由于时间仓促，加上编写者的水平及经验有限，书中难免存在错漏之处，还望学界及临床界同行和读者朋友给予批评指正及意见建议，以使本教材后续进一步完善。

陈功香

2022年1月于济南

目录

第一章

心理辅导的基础知识

内容概要

学校心理辅导是一种现代教育理念和教育服务活动。作为全书的第一章，本章首先对心理辅导和学校心理辅导进行概要介绍。对于心理辅导，主要介绍其含义及与相近概念如心理教育、心理健康教育、心理咨询、心理治疗等的关系。对于学校心理辅导，主要介绍其含义、功能和原则。其次追溯心理学和学校心理辅导的发展历史，对我国现代学校心理辅导发展的现状进行评述，对学校心理辅导的发展趋势做出预测。

知识概图

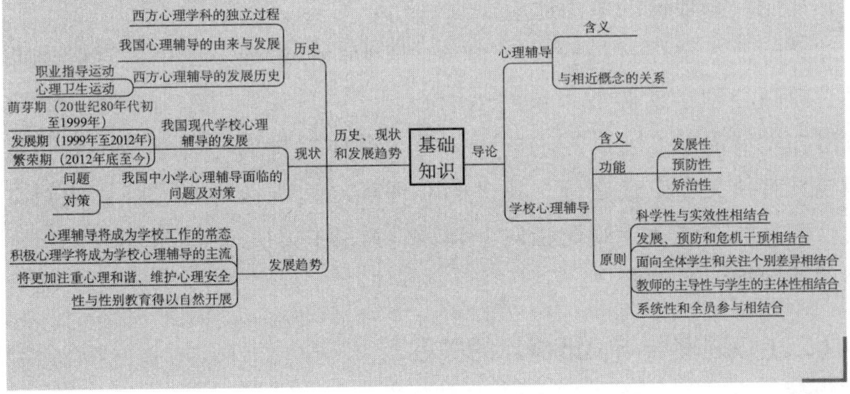

第一节 导论

一、心理辅导

（一）心理辅导的含义

“辅导”一词源于英文的“guidance”，有引导与辅助的意思，也有向需要帮助的人提供服务与帮助的意思。

美国心理学家卡尔·R. 罗杰斯（Carl R. Rogers）认为，心理辅导是一个过程，在这个过程中，辅导者与当事人建立起良好的关系，这种关系能给予当事人一种安全感，使其可以从容地开放自己，甚至可以正视自己过去曾经否定的经验，然后把那些经验融合于已经转变了的自己，做出统合。

中国香港学者林孟平认为，辅导是一个过程，在这个过程中，一位受过专业训练的辅导员，致力于与当事人建立一种具有治疗功能的关系，来协助对方认识自己、接纳自己，进而欣赏自己，以至可以克服成长的障碍，充分发挥个人的潜能，使人生有统合、丰富的发展，迈向自我实现。

中国台湾学者张春兴（1992）认为，辅导是一个教育的历程，在辅导历程中，受过专业训练的辅导人员，运用其专业知识，协助受辅者了解自己、认识世界，根据其自身条件（如能力、兴趣、经验、需求等），建立有益于个人和社会的生活，并使之在教育、职业及人际关系等各方面，能充分展现其性向，从而获得最佳的生活适应。

北京师范大学郑日昌教授（2003）认为，心理辅导是由心理学专业人员和具有较高心理学素养的人员，运用心理学的理论、方法和技术，对具有现实或潜在发展需求、求助需求的个体乃至群体提供的心理学帮助和引导。心理辅导具有狭义和广义之分。狭义的心理辅导通常作为心理咨询的同义词来使用，广义的心理辅导则泛指对个体或群体提供的心理学帮助和引导。本书的心理辅导指广义的概念。

（二）心理辅导与相近概念的关系

心理辅导的概念很容易与其他概念如心理教育、心理咨询、心理治疗等产生混淆。北京师范大学伍新春教授（2010）认为，心理咨询是指咨询者运用心理学专业知识与技能，通过语言、文字和其他信息传递的方式，给来访者帮助、启发和教育，以维护和增进其身心健康，促进其人格完善和潜能发挥的过程。心理治疗是指在良好的治疗关系的基础上，由经过专门训练的治疗者，运用心理学的有关理论和技术，对患者进行帮助，以消除或缓解患者的心理问题或障碍，促使其人格向健康、协调的方向发展。

作为中学生心理辅导的著作，若非特别说明，本书中所说的心理辅导均指学校心理辅导。而在我国的中小学校中，心理辅导更多称为心理健康教育（石建军，2016）。这是源于中共中央、国务院 1994 年 8 月出台的《关于进一步加强和改进学校德育工作的若干意见》，文件指出："要积极开展青春期卫生教育，通过多种方式对不同年龄层次的学生进行心理健康教育和指导，帮助学生提高心理素质，健全人格，增强承受挫折、适应环境的能力。"这是国家教育行政部门在正式文件中第一次使用"心理健康教育"。从此，在官方的文件中，"心理健康教育"就作为一个特定的名称固定下来。因此，若非特别说明，本书所讲的心理辅导均等同于心理健康教育。综合各家观点，心理辅导/心理健康教育与心理咨询、心理治疗的区别如表 1-1 所示。

表 1-1　心理辅导/心理健康教育与心理咨询、心理治疗的区别

	心理辅导/ 心理健康教育	心理咨询	心理治疗
工作对象	正常人	中轻度心理障碍者 （来访者或求助者）	严重心理障碍者 （患者或病人）
工作者	心理辅导员/ 心理教师	心理咨询师	临床心理学家和 精神病医生
功能	发展与预防	预防与矫治	矫治与重建
内容	以认知为主	侧重于情感活动 和人格重建	侧重于情感活动 和人格重建
方式	以团体辅导为主， 个别辅导为辅	以个别咨询为主， 团体咨询为辅	个别治疗
方法	结构化	半结构化	非结构化
时间	较长	较短	较长
地点	学校 （班级/活动室等）	咨询室	医院
解决问题的深度	表层问题 一般情境问题	介于二者之间	深层问题 人格结构问题
服务范围	最广	介于二者之间	最少
工作模式	教育模式	以教育模式为主	医学模式
实施方式	主动	以被动为主	被动
运作模式	非营利性	以营利性为主	营利性

二、学校心理辅导

（一）学校心理辅导的含义

华中师范大学刘华山教授（2001）认为，学校心理辅导是指在一种新型的建设性的人际关系中，学校辅导人员运用其专业知识和技能，给学生以合乎其需要的协助与服务，帮助学生正确地了解自己、认识环境，使其根据自身条件确立有益于个人发展和社会进步的生活目标，克服成长中的障碍，在学习、工作及人际关系等各个方面，调整自己的行为，增强社会适应，做出明智的选择，充分发挥自己的潜能的一种活动。

上海市教育科学研究院吴增强研究员（2004）认为，学校心理辅导是指教育者运用心理学、教育学、社会学、行为科学乃至临床心理学等多种学科的理论与技术，通过团体辅导、个别辅导、教育教学中的心理辅导以及家庭心理辅导等多种形式，帮助学生正确自我认识、自我接纳、自我调节，从而充分开发自身潜能，促进其心理健康与人格和谐发展的一种教育活动。

简言之，学校心理辅导是指教育者运用心理学的理论与技术，帮助学生认识自我，开发潜能，促进学生心理健康与人格和谐发展的一种教育活动。

（二）学校心理辅导的功能

一般认为，就学校心理辅导的作用来看，它具有三项特殊功能，即发展性功能、预防性功能和矫治性功能（王书荃，2005）。

1. 发展性功能

发展性功能是指学校心理辅导可以促进学生的人格得到健全发展，帮助学生形成良好的个性心理品质，提高心理成熟度，开发心理潜能，增强其全面、主动地适应社会的能力。

中学生正经历着心理成熟的过程，学校心理辅导可以帮助学生形成健全的人格，与现代社会文化要求相适应的良好的心理健康状况，对人、对事、对生活的积极态度。学习和交往是中学生的两大主题。中学生的主要任务是学习，学习任务完成得如何直接影响着他们的成长；交往既会影响学生的学习，也会影响学生的成长。学校心理辅导可以帮助学生在紧张的学习生活中，调节情绪情感，增强耐挫能力和对行为的自我调控能力，培养学生较强的心理能力，提高学生对自我及他人的认知，促进其人际交往。现代心理学与脑科学研究表明，人的心理潜能是巨大的，心理辅导可以通过一系列融入崭新教育观念的课程、活动等来培育学生积极乐观的态度，最大限度地挖掘其心理潜能。学校心理辅导可以帮助学生养成良好的行为习惯，使之符合年龄特征，符合社会规范的具体要求，与社会相协调，培养较强的心理适应能力。

2. 预防性功能

预防性功能是根据学生在成长过程中缺少经验和必要的心理准备这一特点而提供的防患于未然的心理辅导。

随着社会的发展，不但成人面临着越来越大的心理压力，学生也面临着激烈的竞争和压力。调查表明，有相当一部分中学生存在不成熟的心理现象或一般心理问题。心理辅导可以帮助中学生提高认知能力，顺利通过身心剧变的青春期，坚强地面对人生道路上的各种挫折，以免他们由于无知或脆弱而产生不必要的失误或疾病，甚至出现危机或悲剧。

3. 矫治性功能

矫治性功能是针对学生已经产生的问题而提供的具体的心理辅导。它重在排除学生的心理困扰，解决学生的心理问题，恢复学生的心理平衡。

虽然发展性功能和预防性功能为积极的、主动的心理辅导功能，矫治性功能为消极的、被动的心理辅导功能，但三者都是必不可少的。

（三）学校心理辅导的原则

1. 坚持科学性与实效性相结合的原则

心理辅导具有很强的专业性、知识性和技术性，在实际工作中，学校辅导人员（专职或兼职心理教师）必须经过专业的训练，秉持严谨的态度，采取科学的方法，一切以追求心理辅导的实效性为出发点和根本要求。

贯彻这一原则应注意：

第一，无论是个别心理辅导还是团体心理辅导，无论是班级心理辅导活动还是在学校工作中渗透心理辅导活动，都必须符合心理学的基本理念与原则，遵循心理学的基本观念与技术。

第二，一定的硬件设施是开展心理辅导的基础，但心理辅导工作不能一味追求硬件建设，还要因校制宜，量力而行，要在内涵建设上下功夫，这才是心理辅导健康发展的长久之道。

2. 坚持发展、预防和危机干预相结合的原则

心理辅导应从发展的积极意义上来引导学生适应环境，预防心理问题，对个别有心理问题的学生及时辅导，以提高其心理健康水平，促进学生全面发展。心理辅导应该将重点放在发展性功能的实现上，以受教育者成长发展的需要为出发点，帮助他们解决成长过程中遇到的问题，如交往问题、情绪问题、社会适应问题等。心理辅导发展性功能的实现反过来也有利于预防心理危机。当出现危机后，要及时进行干预。

贯彻这一原则应注意：

第一，重在预防和发展。心理辅导不能在学生面临危机问题时才给予援助，而必须未雨绸缪，在学校教育的早期阶段就开始进行，在初中和小学甚至幼儿园就开始进行。

第二，对个别有心理问题的学生要做好辅导工作。对少数在学习、生活和社会交往等方面存在困扰和成长中出现心理问题的学生要给予积极有效的辅导帮助；对有严重心理问题的学生要及时与家长联系，转介到医疗性心理咨询和心理治疗机构，由专业人员给予治疗。

3. 坚持面向全体学生和关注个别差异相结合的原则

心理辅导要面向全校所有学生，全体学生都是心理辅导的对象和参与者。同时，学校心理辅导也要关注和重视学生的个别差异，根据不同学生的不同特点和需要，开展形式多样的、针对性强的心理辅导活动，以提高学生的心理健康水平。每个学生都有自己的个性特点，拥有不同的社会背景、家庭环境、生活经验和价值观念。学校心理辅导不是要消除这些特点与差异，而是要使学生的差异性、独特性更合适而完美地展示出来，也可以说，这是学校心理辅导的精髓所在。

贯彻这一原则应注意：

第一，教育者要了解和把握所有学生的共同需要，以及普遍存在的心理健康问题；对学生要一视同仁，创造条件，最大限度地让尽可能多的学生参与所有活动；所有工作的出发点都要有利于促进全体学生的发展和成长。

第二，面向全体并不意味着忽视个别。

4. 坚持教师的主导性与学生的主体性相结合的原则

在学校教育活动中，教为主导，学为主体，已经成为当前教育界的共识。学校心理辅导也是如此。唯有在心理辅导中发挥教师的主导作用，尊重学生的主体地位，充分发挥学生作为活动主体的作用，才能充分调动他们的积极性和主动性，从而形成健康的心理。

贯彻这一原则应注意：

第一，尊重学生的主体地位，发挥学生的主体作用，鼓励学生自我选择和自我指导，促使学生自知、自觉、自助，既不能采取强制手段，又不能替代学生解决他们自身存在的问题。

第二，虽然所有的心理辅导工作和活动都要首先从学生的实际状况和需要出发，以学生现实生活中存在的问题为基准，但这并不意味着教师的作用可有可无。相反，唯有充分发挥教师的主导作用，才能更好地体现学生的主体地位。

5. 坚持系统性和全员参与相结合的原则

在心理辅导过程中，教师要运用系统论的观点指导自己的教育工作，注意学生心理活动的有机联系和整体性，对学生的心理问题作全面考察和系统分析，防止和克服教育工作中的片面性。从系统的观点来看，人的心理是一个有机整体，因此学校心理辅导工作绝不能“头痛医头，脚痛医脚”，就事论事，而应从个体心理的完整性和统一性，个体身心因素与外部环境的制约性、协调性等综合因素出发，全面把握和分析学生心理问题的成因，采用相应的教育与辅导对策。

学校的心理辅导是全体教师的共同责任，而不应只是几个专职或兼职心理教师的事情。唯有全员参与，群策群力，心理辅导工作才能达成更好的效果。在实施心理辅导之前，全体教师应转变观念，提高认识，意识到心理辅导工作不仅是教育改革的必需，而且是时代发展的必需，是学生身心发展的必需。

贯彻这一原则应注意：

第一，对学生心理问题的分析，要从整体、全局、多方位的角度进行，把内外因，主客观，家庭、社会、学校和个人诸因素综合起来；对学生心理问题的教育与辅导要采用综合模式，不局限于某一种方法和技术；树立学生全面发展的观点，要关注学生人格的完整和身心素质的全面提高。

第二，要协调好学校教育与家庭教育的关系，善用各种社会资源，发挥各种因素在统一的育人活动中的作用。

第二节　学校心理辅导的历史、现状和发展趋势

一、学校心理辅导的发展历史

（一）西方心理学科的独立过程

德国心理学家赫尔曼·艾宾浩斯（Hermann Ebbinghaus）曾说：心理学虽有一个很长的过去，但仅有一个很短的历史。

心理学的英文名为“psychology”，源于古希腊语，是由灵魂和学科二词构成，即关于灵魂的学问。古希腊哲学家亚里士多德的《论灵魂》一书，是人类文明史上关于心理现象的专著。16 世纪梅兰克森（Melanchthon）首先在一次讲演中采用了“心理学”这个概念。1825 年，科学教育学的奠基人约

翰·F. 赫尔巴特（Johann F. Herbart）的巨著《科学心理学》问世，第一次庄严宣布心理学是科学，其基础是形而上学和数学。1879 年，德国生理学家、心理学家威廉·冯特（Wilhelm Wundt）在德国莱比锡大学创建了世界上第一个专门的心理学实验室，对感觉、知觉、注意、联想和情感开展系统的实验研究。此举标志着心理学脱离了哲学的母体，正式成为一门独立的科学，冯特也被视为科学心理学的创始人。其《生理心理学原理》一书是心理学史上第一部有系统成体系的心理科学专著，被美国心理学家詹姆斯·M. 卡特尔（James M. Cattell）誉为"心理学独立的宣言书"，赫尔伯特·费格尔（Herbert Feigl）更是将它比作"实验心理学的《圣经》"（杨鑫辉，2000）。

一百多年来，心理学者们在这块新兴的土地上勤奋耕耘，孜孜探索，提出了各种观点和理论，形成了西方心理学史上的十大流派。

（二）我国心理辅导的由来与发展

美国心理学史家加德纳·墨菲（Gardner Murphy）曾说过：世界上第一个心理学故乡在中国。这是一个颇为客观和公正的评价。因为两千年前，我国思想家就有不少关于心理学的思想。如孔子的"知之者不如好之者，好之者不如乐之者""学而时习之，不亦乐乎"以及"因材施教"等诸多观点，已蕴含现代心理学中的兴趣、记忆和个性差异等问题。

我国现代著名心理学家张耀翔教授（1983）指出："'心理学'三字在中国古籍上似从未在一处排列过。就是'心理'二字相连的时候也很少。陶潜诗'养色含精气，粲然有心理'或是这二字最早的连缀。"

明朝王廷相在《慎言·潜心篇》中说："心理贵涵蓄，久之可以会通。"南京师范大学杨鑫辉教授认为，从这段话看，王廷相很可能是我国历史上最早使用"心理"一词而符合现代心理学含义的人（杨鑫辉，1999）。而据中国台湾学者熊钝生主编的《辞海》讲，"心理"一词在《后汉书》中就已出现。《后汉书·左雄传》说："凡人之心理不相远，其所不安古今一也。"不过，由于古籍本没有标点符号，导致不同的人对这句话的点校也不同。如中华书局出版的《后汉书》是这样点校的："臣愚以为凡人之心，理不相远，其所不安，古今一也。"假若按前一种点校本理解，那么《后汉书》中已有与现代含义相近的"心理"一词，若果真如此，则早在东汉时我国就出现了"心理"一词；如果按后一种点校本理解，那么《后汉书》里仍是将心与理分开讲。概言之，在中国古籍里确有与现代意义相近的"心理"一词，只是不同的学者对于"心理"一词出现的时代略有不同意见而已（汪凤炎，郑红，2001）。

1889 年，颜永京翻译了美国学者约瑟·海文（Joseph Haven）的 *Mental Philosophy* 一书，将之定名为《心灵学》，由益智书会出版。这是我国最早的一部心理学译著。严复担任学部编订名词馆总纂时，在《心理学名词对照表》中将“psychology”译作“心理学”，并在1898年明确将“心理学”作为一门独立的学科。

1902年6月19日，王国维翻译了日本元良勇次郎的著作《心理学》，在该书中，王国维认同法国社会学家奥古斯特·孔德（Auguste Comte）的学科知识分类观，主张心理学是生理学中的一种。稍后，王国维于1907年重译并出版了由丹麦海甫定（Hoff ding）原著、英国人龙特（Loundes）原译的《心理学概论》（*Outlines of Psychology*），这是中国人从西方心理学直接译过来的第一部科学心理学著作。正是由于这两方面的贡献，布朗（L. B. Brown）在《心理学在当代中国》一书中曾把王国维称为中国“现代心理学之父”。

（三）西方心理辅导的发展历史

西方心理辅导的历史，一般以1908年作为源头。在这一年，美国发生了两件足以载入心理学史册的大事。一是以职业指导局创立为标志的职业指导运动，二是以《一颗寻找自我的心》（*A Mind，That Found Itself*）的出版为标志的心理卫生运动。

1. 职业指导运动

1907年，戴维斯（J. B. Davis）任美国密歇根大瑞城中学校长，提出初中一年级的学生要提交关于职业兴趣的报告，教师要给学生上心理辅导课，以帮助学生塑造个性，防止问题发生，促进职业与品德发展。1908年，帕森斯（Frank Parsons）在波士顿创办了职业指导局，针对青少年开展职业指导活动，并在次年出版的名著《职业选择》（*Choosing a Vocation*）中，首次使用了“职业辅导”一词。他所创立的“帕森斯模式”在当时的美国社会引起很大的反响，因此人们把1908年帕森斯创立的职业指导局作为心理辅导诞生的标志，从此学校心理辅导开始了广泛的发展。帕森斯本人也被称为“职业指导之父”。

2. 心理卫生运动

现代心理卫生运动的先驱是美国人比尔斯（C. W. Beers）。他18岁就读于耶鲁大学商科，毕业后在纽约一家保险公司工作。比尔斯的哥哥患有癫痫，他目睹其兄病情发作时昏倒在地、四肢抽搐、口吐白沫的可怕情景之后，就一直担心这种病会遗传到自己身上，于是终日惶惶不安。24岁时，比尔斯精神失常，难以自控的他从四楼跳下，经人救起被送往精神病医院治疗。在精神病院，他目睹了病友们遭受的不可言状的痛苦，自己也亲身经历了种种非人的待遇，因此，比尔斯痊愈出院后，立志将自己的余生贡献给精神病人，并终身从事预防精神病的工作。

1908年，他结合自己在精神病院的经历和体验写成的自传体著作《一颗寻找自我的心》出版，在社会上引起了强烈反响。此后，该书连年再版。这是心理卫生运动的开山之作，是一本具有世界影响的书。比尔斯也因此成为全球著名的心理卫生的倡导者与奠基人。

1908年5月，比尔斯成立了世界上第一个心理卫生组织康涅狄格州心理卫生协会。1909年2月，他又在纽约成立了全国心理卫生委员会并任顾问。1917年，全国心理卫生委员会创办了《心理卫生》杂志，采用多种形式宣传普及心理卫生知识，使心理卫生运动逐步在美国形成了一股热潮。1930年5月5日，比尔斯等心理卫生的推行者在美国华盛顿召开了第一届国际心理卫生大会，中国也派出了代表参加。会上成立了国际心理卫生委员会，标志着心理卫生运动全球化的开始。

二、我国学校心理辅导的发展现状

（一）我国现代学校心理辅导的发展

以教育部颁布第一个中小学心理健康教育专题文件和召开第一次全国中小学心理健康教育工作会议为标志和分界，我国现代学校心理辅导的发展，大概经历了三个时期。

1. 萌芽期（20世纪80年代初至1999年）

20世纪80年代初，随着教育改革的启动，我国教育界由片面强调传授知识开始转向关注智力发展，学生的智能开发得到高度重视。在我国学校心理辅导史上，北京师范大学林崇德教授、上海师范大学燕国材教授和南京师范大学班华教授是毫无疑问的奠基者（石建军，2016）。1983年，林崇德教授出版了《中学生心理学》，首先提出心理卫生与心理健康的设想，强调培养学生良好心理品质的重要性。同年，燕国材教授在《光明日报》发表《应重视非智力因素的培养》，在我国教育界正式提出非智力因素的概念。1986年，班华教授第一次提出“心育”概念，引起教育界的广泛重视。1987年，燕国材教授率先提出心理教育的概念，并试图以此来统率心理辅导、心理训练、心理咨询、心理治疗等概念。“自80年代以来，我国逐步地形成了这么几个概念，即心育、心理教育、心理素质教育、心理辅导。这四个业已通行的概念，基本上是一致的。”1991年，班华教授在《教育研究》发表《心育刍议》一文，首次系统地阐述了与心育有关的问题；同年，在全国各地开展的素质教育讨论中，很多有识之士都强调心理素质在整个素质教育中的核心地位与重大作用。这些研究和讨论为中小学心理辅导在基础教育领域的实践提供了必要的指导和支持。80 年代中期，全国不少大、中学校开设了心理常识课，开展了心理咨询、心理辅导和心理训练工作。

这一时期，学者们主要侧重于对开展心理辅导的重要性和必要性的探讨。部分地区对学生心理卫生和健康水平进行了调查，但由于调查工具与评价标准的差异，学生心理健康水平差异明显，在思想上造成了一定混乱（黎龙辉，刘良华，2006）。

在这一时期，心理辅导的名称是十分混乱的，直到 1994 年，中共中央、国务院发布的《关于进一步加强和改进学校德育工作的若干意见》，明确提出要“通过多种方式对不同年龄层次的学生进行心理健康教育和指导”。这是在国家有关文件中第一次使用“心理健康教育”。自此，心理健康教育的名称在国家行政部门中的称呼才相对固定下来。

2. 发展期（1999 年至 2012 年）

这一时期，心理辅导在理论和实践中都开始有了较大的发展。对心理辅导的关注更加广泛，学生心理健康状况调研普遍开展，课题研究得到重视，对心理辅导有关问题的探讨逐步深入。

（1）政府部门加强了对心理辅导的重视和组织领导。1999 年 8 月，教育部第一次就心理辅导问题专门颁发了《关于加强中小学心理健康教育的若干意见》，对中小学心理辅导做了指导性的要求和规定。以此为标志，我国学校心理辅导开始进入发展期。2001 年 3 月，教育部颁布《关于加强普通高等学校大学生心理健康教育工作的意见》，对大学生心理辅导工作提出指导性意见。2002 年，教育部出台《中小学心理健康教育指导纲要》，对中小学心理辅导的指导思想、基本原则、目标和任务、教育内容和途径方法，以及组织实施、当前开展心理辅导应注意的问题提出了明确要求。2004 年，教育部印发《中等职业学校学生心理健康教育指导纲要》，对中等职业学校学生心理辅导的指导思想和基本原则、目标和主要内容、途径与方法、组织与实施做了具体的要求和规定。2008 年，卫生部、教育部等 17 个部委联合下发了《全国精神卫生工作体系发展指导纲要（2008 年—2015 年）》，对中小学心理辅导工作提出了更为具体的中期规划和要求，提出“中小学建立心理健康辅导室、设置专职教师并配备合格人员的学校比例，到 2010 年城市达到 40%、农村达到 10%；2015 年城市达到 60%、农村达到 30%”。

（2）心理辅导理论研究逐渐深入。在关注心理辅导意义的同时，心理辅导的一些具体问题也进入了研究者的视野，研究问题逐渐从对问题的揭示、重要性的强调，过渡到解决学生心理健康的具体问题和指导基层教育实践的途径、方法、措施、内容和手段等研究领域。一些期刊也开始刊登学校心理辅导的文章。例如，《大众心理学》1995 年改版，办刊方向转为中小学心理辅导；2011 年，《中小学心理健康教育》创刊，专门发表一线教育工作者的研究成果，扩展了心理辅导的理论阵地。

（3）心理辅导实践活动进一步推进。学校心理辅导的实践活动，20 世纪 80 年代中后期即在上海、北京、天津、辽宁等部分省市逐步开展。此后，先后有二十多个省、市、自治区的许多学校开展了一系列的学校心理辅导的试点工作，通过开展心理测量、建立学生心理档案、开展心理辅导，以及设置心理辅导课等方式，借助广播、板报、信箱、自编刊物等媒介宣传心理健康知识，开设心理辅导室、放松室和心理辅导热线、心理信箱，帮助学生解决心理困惑，促进其成长。特别是伴随着新课程改革的实施，初中一年级的思想品德课程大部分属于心理健康教育，同时，心理辅导课程作为校本课程或选修课程，也更方便地进入了课堂。

（4）心理辅导师资培训逐步推进。各地举办了各级各类的心理辅导培训班，部分高校也积极调整专业，开始注重为学校心理辅导培养人才。比如山东师范大学在 2000 年 2 月建立了心理学系，2006 年成立心理学院。上海市从 1999 年开始了为期一年的学校心理辅导教师的上岗培训工作，并组织学校心理辅导讲师团巡回培训；北京市 2000 年就对 1 500 名专兼职教师进行了培训；其他如江苏、浙江、广东等地也都制订了学校心理辅导教师培训计划，有计划地开展师资培训和认证工作。2002 年，劳动和社会保障部发布《关于开展国家职业资格心理咨询师职业全国统一鉴定试点工作的通知》，规定心理咨询师职业国家职业标准。2003 年 4 月进行了首次心理咨询员等级的全国统一鉴定试点工作，200 余位心理咨询员获得国家证书，对我国学校心理辅导师资培养和资格认证产生了积极作用。此外，中国心理学会、中国心理卫生协会、中国社会心理学会、中国教育学会等一些国家级学术团体及各地相关学术团体也开展了大量的培训工作。

3. 繁荣期（2012 年底至今）

2012 年 12 月 14 日，全国中小学心理健康教育工作会议在厦门召开。这是新中国成立以来教育部召开的第一次全国中小学心理健康教育工作会议，也是迄今为止唯一一次。它转变了长期以来心理辅导总是自下而上开展工作的模式，是中小学心理辅导工作的又一个里程碑。以此次工作会议的召开和《中小学心理健康教育指导纲要》（2012 年修订）为标志，中小学心理辅导从民间推动向官方主导发展，从基层探索到国家有计划地推进，全国中小学心理辅导逐步走上了发展正轨。从 2013 年开始，全国绝大多数省、市、自治区出台了加强学校心理辅导工作的政策文件，把心理辅导纳入教育督导工作中，极大地推动了心理辅导在各地各校的开展。

（二）我国中小学心理辅导面临的问题及对策

1. 我国中小学心理辅导面临的问题

多年来，心理辅导工作有了长足的发展和进步。但是，也面临着一些问题，突出体现在以下三个方面。

（1）中小学心理健康教育工作的内涵建设尚未跟进，心理健康教育工作的实效性亟待进一步提升。华南师范大学莫雷（2003）教授认为，中小学心理健康工作开展分为两个阶段：第一阶段是平台建设，第二阶段是内涵建设。总的来看，平台建设已有成效，但是内涵建设尚未跟进，很多学校的心理健康教育工作还处在应付检查、流于形式的阶段，即使一些开展多年的学校，心理健康教育工作的实效性仍需进一步提升。

（2）中小学心理教师职业资格认定尚未开展，心理教师专业化水平亟待进一步提高。一是心理教师缺乏明确的职业资格认定标准。心理教师是一个专业性很强的职业，但是国家却没有明确的职业资格认定标准。由于国内心理健康教育教师资格认证标准缺失，中小学心理健康教育教师的专业地位一直难以得到正面认可，进而使得我国的中小学心理健康教育难以成为一种科学的、独立的、受认同的专业性工作。二是心理教师缺乏系统的专业培训，缺乏专家的督导引领，缺乏教研伙伴的支持，总体专业化水平仍需进一步提高。目前，全国仅少数省如浙江省、广东省等进行了大规模的心理教师分级培训，而国家还没有形成系统的心理教师培训机制，对于全国大多数心理教师来说，仅仅是参加过一次或几次省、市组织的培训，而且这种培训也往往是一次性的，缺乏系统的规划，难以对心理教师的专业发展提供真正有效的帮助。

（3）中小学心理健康教育工作的制度保障尚未健全，领导重视程度亟待进一步加强。一是中小学心理健康教育工作缺乏强有力的政策支持。国家出台的有关文件内容比较笼统，弹性很大，对各地工作的开展并没有作硬性的要求，也没有明确的评价标准，造成各地心理健康教育工作开展程度不同，发展不均衡。此外，心理教师的编制、职称、待遇等问题尚未解决。身份不明、职责不清、待遇偏低、角色尴尬，这是绝大多数心理教师工作和生活状态的真实写照。二是对中小学心理健康教育工作，领导的重视程度不够。由于受到升学率左右，各校工作重心都围绕着教学进行，而心理健康教育，虽然可以提高学生的心理素质，关系到中华民族的未来命运，但由于见效较慢，往往得不到各级领导的足够重视。

2. 解决我国中小学心理辅导诸多问题的对策

（1）端正态度，努力作为，扎实推进心理辅导工作内涵建设。很多教师在调查和讨论中都提到了领导只抓教学而对心理辅导工作并不重视，并对此表示无奈。在这种情况下，我们一方面要加大宣传力度，让领导意识到心理辅导的重要性，另一方面更需要认清自己的职责，为了学生的健康成长努力奋进，为了事业的灿烂明天有所作为。

（2）通过多种方式和途径，努力提高心理教师专业水平。一是自我学习。心理教师可以通过阅读相关心理书籍、观看心理专题视频资料、在网上学习相关心理知识等多种方式进行自我学习，提高自己的专业水平。二是同伴互助。可以集中本地区的心理教师，每月定期聚会，交流研讨，或者在网上通过QQ群、心理论坛等方式进行专题研讨，大家资源共享，互相学习，共同提高。三是专家引领。国家要制定措施，合理规划，建立有效的督导机构，做好人才的梯队发展计划。四是系统培训。国家要科学规划，制订专职心理教师的培养计划，建立健全完善的心理教师培训机制。对学校领导和各级教育部门领导重点进行教育理念方面的培训，对专职心理教师主要进行实践操作方面的培训，对兼职心理教师主要进行专业理论方面的培训，对班主任和普通学科老师主要进行一般心理知识方面的培训等。

（3）采取有效措施，提高各级领导对心理辅导工作的重视程度。国家要采取措施，加强对各级领导的培训和考核，使各级教育部门切实转变观念，从对学生一生发展负责的角度、从对中华民族未来命运负责的高度来认识和重视心理辅导工作，切实解决中小学心理辅导工作中存在的问题，促进中小学心理辅导内涵建设。

（4）制定刚性政策，为心理辅导工作的开展提供切实保障。一是明确心理学科的独立地位，制定课程标准。二是制定心理教师职业资格标准，出台认定办法。

三、我国学校心理辅导的发展趋势

（一）心理辅导将成为学校工作的常态

自2012年教育部全国中小学心理健康教育工作会议以来，全国各省、市、自治区纷纷出台了加强学校心理辅导工作的政策文件，将心理辅导纳入教育督导和年终考核工作中，各学校也纷纷配置了专职或兼职心理教师。尽管仍有很多地区和学校的心理辅导工作流于形式，并未真正开展起有效的心理辅导活动，但随着越来越多的人意识到心理辅导的重要意义和价值，心理辅导必将成为学校工作的一项常态工作。

（二）积极心理学将成为学校心理辅导的主流

心理学从诞生之日起，就被赋予了三项伟大而艰巨的使命：治疗有心理问题的人；使普通人的生活更加充实、有意义；发掘并培养人才。而二战以后，心理学成为一门致力于治疗的科学，重点放在了人们的“心理问题”上。《心理学摘要》电子版的搜索结果表明，自 1887 年至 2000 年，关于抑郁（depression）的文章有 70 856 篇，关于焦虑（anxiety）的文章有 57 800 篇，而提及欢乐（joy）的仅有 851 篇，关于幸福（happiness）的有 2 958 篇。搜索结果中关于消极情绪与积极情绪的文章比例大约为 14∶1。这个统计数据显示，似乎大多数心理学家的任务是理解和解释人类的消极情绪和行为。

这种消极取向的心理学模式，缺乏对人类积极品质的研究与探讨，由此造成心理学知识体系的巨大“空档”，限制了心理学的发展与应用。

在这种背景之下，以马丁·塞利格曼（Martin Seligman）为代表的积极心理学家呼吁：心理学应该转换为研究人类优点的新型科学，必须实现从消极心理学到积极心理学模式的转换，研究人类的积极品质，关注人类的生存与发展。

在积极心理学理念的指引下，发现学生的潜能，培养学生的积极心理品质，以积极的视角看待学生，将成为学校心理辅导的主流。

（三）将更加注重心理和谐、维护心理安全

《中小学心理健康教育指导纲要》（2012 年修订）一个重要的变化就是把心理和谐写入心理健康教育的指导思想。2006 年 10 月 11 日，中国共产党第十六届中央委员会第六次全体会议通过的《中共中央关于构建社会主义和谐社会若干重大问题的决定》中明确指出：“注重促进人的心理和谐，加强人文关怀和心理疏导，引导人们正确对待自己、他人和社会，正确对待困难、挫折和荣誉。加强心理健康教育和保健，健全心理咨询网络，塑造自尊自信、理性平和、积极向上的社会心态。”这是党中央文件首次阐述社会和谐与心理和谐的关系。

北京师范大学林崇德教授（2012）认为，心理和谐是社会和谐的人文意识基础。心理和谐要处理好六大关系，即人与自我、人与他人、人与社会、人与自然、硬件与软件、外国与中国的关系。

学生的心理安全是学校教育的重要课题，是构建和谐社会、安全校园、幸福家庭和健康自我的必然要求。许多学校由于不能及时发现学生的心理变化和一些异常心理的表现，或者虽然发现了但没有引起学校领导和教师的足够重视，任其发展，最终造成了一些安全事故的发生，给学生及其亲人带来

了痛苦，对学校安全和社会稳定造成了不良的影响。

（四）性与性别教育得以自然开展

有过心理辅导经验的老师都知道，学生对于学习上的困惑和普通交往上的烦恼通常会说得很直接，但对于异性的情感，特别是和性有关的困惑，通常会先以学习或其他问题为借口，对你进行试探，直到他（她）觉得你能让他（她）敞开心扉，才会把这些问题告诉你。这种埋藏在心底深处的东西才是核心，才是真正的机密，也才是解决问题的关键所在。而性与性别教育所涉及的问题，正是这种核心机密。

碰触核心会令人疼痛，但也会令人兴奋。这个过程很漫长，但前景必定光明。就像心理健康教育在等待了多年终于得到国家的认可一样，作为其核心和最后一座堡垒，性与性别教育必然也会等来光明的一天。因为这是一条正确的路，这是一条真正解放人性的路。

拓展阅读

1. 伍新春．中学生心理辅导．北京：高等教育出版社，2010.

本书对中学生心理辅导的基本理论和实践内容进行了系统阐述，并辅以个案分析和实务训练，共分三篇十二章，由中学生心理辅导的基础、中学生心理辅导的内容和中学生心理辅导的途径三大部分组成。

2. 陈家麟．学校心理健康教育：原理、操作与实务（修订版）.2 版．北京：教育科学出版社，2010.

本书既是作者对国内外学校心理健康教育理论研究成果和实践工作经验的巡礼，也是作者对自己三十多年来从事学校心理健康教育的研究、实践和教学工作的总结，更是作者对建构有中国特色的学校心理健康教育理论体系和操作模式所做的一次有意义的探索。全书融理论性和实践性、学术性和可读性于一体。

3. 林崇德，俞国良．《中小学心理健康教育指导纲要（2012 年修订）》解读．北京：北京师范大学出版社，2013.

本书共十一章，总体框架由教育部基础教育一司领导和主编共同讨论确定。第一、二章分别阐述了《纲要》修订的背景和基本思路，第三至十一章针对新《纲要》的内容，按文件各部分的顺序，采取分别对应的方式逐一解读。

4. 杨鑫辉．心理学通史．济南：山东教育出版社，1999—2003.

本书是杨鑫辉教授邀集二十多位心理学史专家，历时五年编著成的五卷本大作。全书以心理学思想史、流派史和新发展为主线，通过贯穿整个世界心理学历史发展进程的方式，全面地介绍了西方心理学的发展、中国文化中的心理学思想，以及当代心理学发展的最新动态，对读者了解心理学史大有助益。第一卷中国古代心理学思想史，第二卷中国近现代心理学史，第三卷外国心理学思想史，第四卷外国心理学流派（上），第五卷外国心理学流派（下）。

反思助学

1. 什么是心理辅导？
2. 心理辅导/心理健康教育与心理咨询、心理治疗的区别是什么？
3. 什么是学校心理辅导？
4. 学校心理辅导的功能有哪些？
5. 学校心理辅导的原则有哪些？
6. 如何理解墨菲所说的“世界上第一个心理学故乡在中国”？
7. 简述我国现代学校心理辅导的发展时期和各自特点。
8. 为什么说教育部全国中小学心理健康教育工作会议的召开标志着我国中小学心理辅导工作模式的转变？
9. 我国中小学心理辅导面临的问题有哪些？
10. 学校心理辅导的发展趋势有哪些？

第二章
心理辅导的途径

内容概要

本章介绍心理辅导的专门途径和基本途径。心理课是心理辅导的专门课程，是教师运用心理辅导的理论在课堂上进行的系统教学。个别辅导是教师对个别学生进行的心理辅导，团体辅导是教师对团体学生进行的心理辅导。这些是心理辅导的专门途径。学校以教学为中心，课堂是学校教学工作的主要场所。班级是学校的最基层组织，班级管理是学校教育教学的基础。在学科教学和班级管理中渗透心理辅导是开展心理辅导的基本途径。

知识概图

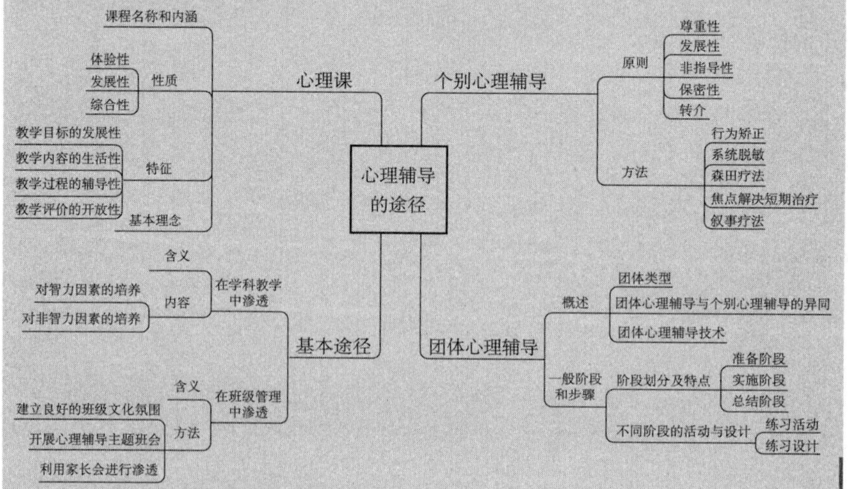

第一节　心理课

一、课程名称和内涵

现阶段我国心理辅导的课程名称是十分混乱的，这一方面源于心理辅导名称的混乱，另一方面也与学者们百花齐放的自由探索有关。本书作者认为，中小学心理辅导的课程宜统一称为心理课。理由有二：

其一，从学科通用的命名原则来看，通常学科的命名或以对象命名，或以方法命名。课程作为狭义的学科，其命名也适用学科命名的原则，同时还要符合逻辑规则。从课程名称的现实情况来看，一般采用的是以对象命名的方式，如语文课、数学课、英语课、科学课等。中小学心理辅导专门课程的对象是学生的心理而非心理辅导，这是显而易见的。

其二，从心理课在各地各校的实践情况，亦即心理课的直接服务对象学生的反映来看，心理课最为简练，易读易记，是学生的惯常称呼。绝大多数学生平常就这样说："下节课上什么?""上心理!"而没有人说"上心理辅导"等。他们称呼语文课程的老师为语文老师，称呼数学课程的老师为数学老师，称呼心理课程的老师为心理老师，而极少称呼心理活动老师或心理辅导老师。

心理课有广义和狭义之分。广义的心理课约等同于心理辅导，泛指一切可以促进学生身心和谐可持续发展，为他们健康成长和幸福生活奠定良好心理基础的课程。狭义的心理课，也就是心理辅导的专门课程，是教师运用心理辅导的理论对学生的心理施加影响，以帮助学生产生心理体验，培养其积极心理品质，促进其心理健康和心灵成长。这更接近和类似于班华教授的心理活动课程、沈贵鹏博士的活动性心育课程、姚本先教授的心理辅导活动课程以及其他学者提出的心理活动课程。

二、课程性质

性质是一种事物所具有的区别于其他事物的根本属性。性质是人或事物的本质。心理课程的性质应该是心理课程所独有的内在属性，是其他学科所不具备的。从这个角度出发，心理课的性质有以下三点。

（一）体验性

中小学其他学科多以传授系统的科学知识为主，而心理课则不是解决知识的问题，更不是让学生掌握系统的知识。在多数情况下，它是以学生为主体、以活动为核心进行教学的，但是它追求的不是活动本身，而是借助活动这一载体来丰富学生的心理体验，让学生在活动中获得体验和感悟，在体验中收获和成长。

（二）发展性

其他学科多以固定的知识模块为主，很少有变化和创新。心理课则不同。预防和发展是心理课一贯的理念，它包含的内容有可持续发展的理念、全体发展的理念、全面发展的理念、潜能开发的理念以及积极心理品质培养和发展的理念等。

（三）综合性

其他学科多是以本学科内容为基础进行的单一的专业教学，而心理课则是综合的。从学科基础上看，中小学心理课既属于心理学的范畴，又属于教育学的范畴，是多门学科的交集。从实践情况上看，心理课是学校各种教育活动和教育工作的综合，是校内课程与校外课程的有机融合，是教师、学生、教材、环境等多因素的整合。

三、课程特征

（一）教学目标的发展性

心理辅导的总目标是促成学生的心理发展，心理课自然也要从属于这一目标并为之服务。从实践来看，学生身心发展的总趋势是积极向上的，他们面临的问题大多是动态的问题、发展的问题、成长的问题。发展性的目标侧重于学生心理潜能的开发和心理品质的培养，可以更好地帮助学生自我完善和健康成长。

（二）教学内容的生活性

心理课是“发端于生活世界又依附于生活世界的一种新型课程，其课程内容不追求文本的知识性、学术性和结构性，而是注重心理生活场景的设计和情境的渲染，以及呈现具有生活气息的心理空间”（林崇德，俞国良，

2013）。其内容大致包括八个方面：自我意识、学习心理、人际交往、情绪辅导、性教育、生命教育、生涯辅导、社会适应。

（三）教学过程的辅导性

教师必须运用心理学特别是团体心理辅导的相关理论和方法，比如建立团体的方法、团体转换的方法、角色扮演等，引导学生达成认知理解、获得情感体验，进而促进行为的改善。基于辅导，心理课在组织形式上多以活动为主。这一点已经成为大众的共识。需要特别注意的是，活动只是形式，是手段，让学生获得心理体验才是目的，促进心灵成长才是根本。

（四）教学评价的开放性

学生的心理体验、心理发展具有相当的主观性，因此，心理课的评价不可能用一把客观的标尺进行衡量，也不可能像传统学科一样通过纸笔测试的方式进行，更没有统一的答案和固定的模式。在评价形式上，以学生自我评价为主，学生集体互评和教师评价为辅。在评价内容上，以过程评价为主，目标达成评价和教学效果评价为辅。在评价方法上，可采用问卷调查法、观察法、谈话法、作品分析法、活动资料分析法、社会群体关系测量法等。

四、基本理念

心理课的基本理念是积极心理学。积极心理学是研究人的优势与幸福的一门学科。中央教育科学研究院孟万金教授（2008）认为，在积极心理学视野下，心理辅导课程的最大特点应体现一切从积极出发，用积极的视角发现和解读问题的积极方面，用积极的途径培养积极的品质，用积极的思想浇灌积极的心灵，用积极的过程提供积极的情感体验，用积极的态度塑造积极的人生。

尹秋云（2010）认为，在积极心理学视野下，心理课程的开发要注意以下几点：一是培养“积极人格”，二是增进“积极体验”，三是营造“积极环境”，四是选取“积极题材”。

从积极心理学的角度出发，在心理课上，教师要做到以下几点。

（1）注意学生的正向行为。尊重、鼓励、欣赏学生，看到学生行为背后的天赋需要和正向动力，学会接纳和认识学生，提供适当的机会，给予学生成功的经验。

（2）建立正向的表达模式。一是鼓励学生以正向的自我对话取代负面陈述。例如，可以将“我怎么这么笨，每次考试都失败”改为“我不是笨，只是到目前为止，考试还没有取得理想的成绩”。二是表达正向期待，而不是讽刺挖苦，评论学生的品格。例如，上课过程中看到学生在讲话，可以告诉他“请下课后再讲话”，而不是“你怎么这么多话，我讲还是你讲，要不你上来当老师好了”。

（3）建构正向的认知与情绪。一是增加正向情绪，开发学生的智慧，帮其拓展学习资源。比如教给学生认知的 ABC 理念，帮助学生形成幽默的性格。二是鼓励学生的正向情绪，当学生表现出正向的认知和情绪时，以赞赏和鼓励来进行正强化。

第二节　个别心理辅导

学校中的个别心理辅导是指辅导教师运用心理学的理论与技术，帮助个别学生解决问题，促进学生心理健康与人格和谐发展的一种教育活动。

一、个别心理辅导的原则

（一）尊重性原则

辅导教师要对来访学生保持尊重，这是建立良好辅导关系的第一步。辅导教师要积极关注，认真倾听。因为耐心地听来访学生倾诉其烦恼，本身就是对来访学生的一种安慰、支持和鼓励。在倾听时，不宜一直用眼紧盯对方，但可对其做出适当反应、引导或变换话题。

（二）发展性原则

辅导教师不仅要帮助来访学生解决现实的心理困扰，还要注重学生个人的长远发展，引导学生形成一种积极的生活态度和健全的人格特征，使学生增强心理抵抗力，优化心理素质，避免或减少心理问题的发生，做到防患于未然。

（三）非指导性原则

当来访学生面临关键问题的抉择时，辅导教师不应以权威的形象出现，指示来访学生应做什么、不应做什么，而应该帮助学生理顺自身对此事的感受，从对方的角度出发，分析每一种抉择的利弊和其可能承受的后果，由学生自己做出最终的选择。

需要注意的是，辅导教师发现来访学生出现价值偏差时，要突破价值中立和非指导性原则，帮助学生树立正确的世界观、人生观和价值观。

（四）保密性原则

辅导教师应尊重来访学生的隐私权，对学生的有关资料严格保管，予以保密，不能在辅导室以外的地方随便谈论学生的事，更不能将学生的事作为茶余饭后的谈资。学校领导、班主任也应了解心理辅导的保密原则，不能随便翻阅辅导记录和其他涉及学生的资料。辅导教师因专业需要在进行教学、科研和写作时，如果采用学生的案例应将所有能暴露学生身份的资料加以修改或删去。

需要注意的是，辅导教师在发现学生可能出现自伤、他伤等极端行为时，应突破保密原则，及时告知其班主任及监护人，并记录在案。

（五）转介原则

应该认识到，学校心理辅导教师的能力是有限的，对学生成长发展中遇到的一般问题可以通过心理辅导予以解决，但一些比较严重的情况，如已经构成心理疾病甚至精神病的，非学校心理工作者所能解决，也不在学校心理工作者的职责范围之内，最好是及时与专业机构如医院的精神科或精神卫生防治中心联系，将其转介。

超级链接

心理咨询三字经

心理学者刘明（2010）在其专著中阐述了心理咨询三字经：交朋友，影响他。认真听，听得懂，不评价，只解读。表情绪，说想法，讲需要，论方法，理思路，立信念，回事实。定我是。明“确知”。

交朋友，影响他。这揭示的是心理咨询的本质内容，即建立良好咨询关系以实现对来访者的有效影响，同时也讲明了建立良好咨询关系的操作要领。咨询师要通过与来访者的频繁接触，以接纳、尊重、共情等方式达到与来访者合一的状态，把自己经历过并且正在经历的合一的状态传递给来访者，把自己充满爱的幸福生活体验传递给来访者。

认真听，不仅是对一个心理咨询师工作态度的要求，也是心理咨询最基本的价值与技能的体现。也就是说，哪怕仅仅是有“认真听”这样一个行为，也可以使心理咨询的价值得以实现。一个心理咨询师，能够认真倾听来访者的每一句话，了解来访者的每一个想法、每一种感受，就是对来访者价值的最大肯定。

听得懂，即心理咨询师只有建构起理论思考的模型，才能真正理解来访者的内心世界，并正确解析其问题。“听得懂”是咨询师专业水平的根本体现。

不评价，是心理咨询师最重要的一个工作原则，其中讨论的是如何真正有效地帮助来访者获得成长。如果说评价把一个人从太阳变成月亮，不评价的目的就是要把来访者从月亮变回太阳。这也是心理咨询的终极目标。

不评价是指导原则，只解读则是具体措施。其中要讨论的，是心理咨询师如何在整体上把握促进来访者成长的操作要领，并构建解决方案。解读，意味着对来访者自身价值的尊重，同时传递的是对来访者无限潜能的信念。

表情绪，说想法，讲需要，论方法，理思路，立信念，回事实。这几句讲的是心理咨询的基本流程与操作要领。

表情绪，指咨询师帮助来访者实现情绪有效表达，进而实现注意力与感觉合一。感觉是心性的体现，由此可以从心性的自然力量中获得成长。心理咨询的专业性质，首先就体现在咨询师能够更好地识别情绪，并能帮助来访者很好地表达出来。表达的要点是，只表达自己的情绪，并且只关注情绪的表达，而不去确认对方的责任。

说想法，是咨询师帮助来访者打破思想桎梏，把注意力从狭隘的认知范畴中解放出来，实现与“无限”合一，在对事物真相的认识过程中获得成长。

讲需要，是咨询师帮助来访者了解自己的真实需要，并通过面对“真实”与表达“真实”的过程获得力量，使注意力在实现真、善、美、信的过程中从狭隘处得到释放，与人性合一而获得零差别的圆满。

论方法，是咨询师与来访者一同通过对各种策略的讨论以及探索，淡化“术”的价值，而重视“道”的根本力量，从而实现与“心”（即本体之心）的合一，即通过自我负责而从内在获得解决问题的根本方案。

理思路，是通过咨询师“贴近”或“进入”来访者内心世界的过程，促使来访者的内心世界同反映心理世界根本秩序与规律的“先天逻辑”合一，即通过咨询师与来访者共同对情绪、想法、需要、方法（策略）及其关系的梳理，让来访者的内心世界恢复至自然主宰的状态。

立信念，是实现注意力与“道”合一，即咨询师帮助来访者把注意力集中于正性的事物上，使来访者在获得希望的同时树立起坚定的信念，进而把注意力放在“道”上，并在生活的原生态中不断体会合乎“道”的行为方式，由此获得成长。

回事实，即实现意志自由，实现内心自由与现实环境合一。这是心理成长的终极目标。回事实的重点是，在时间上尽可能做到把注意力集中于当下，在空间上把注意力从狭隘之处解放出来，分散到更广阔的事物上。

定我是，体现的是另外一套解决问题的思路与方案。一个人是“一群人”，自我世界中充斥着各种角色。咨询师要帮助来访者明晰角色混乱造成心理困扰的原因，来访者经由选择确定自身角色。这些还仅仅是基础工作，能够最终确立起由“注意力”这一“国王”统辖的内心角色世界的新秩序，是自我成长的更高目标。

明“确知”，即所有咨询最终都一定要落实在有效的行为上，并通过实践促进认识提升，再回到实践，正所谓“知行合一”。

在这样的指导原则与操作要领中，始终贯穿着的是一条自我成长的主线，即心理咨询师首先经由自我成长获得成功与幸福的人生体验，然后才能引领来访者走向成功与幸福的人生。

二、个别心理辅导的方法

（一）行为矫正

行为矫正是根据行为主义的基本原理发展出来的一些行为改变的技术。行为矫正的特点在于它只关注行为本身的改变，而不关注导致行为异常的原因，也不关注导致行为异常的内心冲突。

行为矫正是使问题行为减少或消失的比较有效、操作性较强的方法。实施行为矫正，一般需要经过以下五个阶段。

第一阶段，准备与沟通阶段。在这一阶段，行为矫正者与学生开始接触，了解学生的基本状况，其主要的工作包括：(1) 详细询问学生其问题行为的特征与背景；(2) 了解学生解决自己问题的动机与预期；(3) 建立良好的咨询与矫正关系；(4) 就时间安排、矫正过程、具体要求等形成矫正契约。

第二阶段，问题行为解析阶段。这一阶段是对问题行为做出诊断的阶段。其主要的工作包括：(1) 界定问题，了解学生的问题行为是什么、有什么特点；(2) 查清学生的个人发展情况，了解该问题行为是如何习得的，又是如何被巩固的；(3) 确定矫正目标。

第三阶段，制订矫正计划阶段。主要工作包括：(1) 根据矫正目标，选择相应的矫正方法；(2) 矫正时间和过程的安排；(3) 矫正过程中如何记录与评定；(4) 矫正效果的评价等。

第四阶段，具体矫正阶段。根据矫正计划，具体实施对问题行为的矫正。

第五阶段，效果评估阶段。按计划实施了行为矫正之后，行为矫正即告结束，这时根据记录到的数据与资料对矫正效果进行评估，安排进一步巩固效果的措施。

行为矫正在长期使用中发展了许多成熟的方法和技术，如强化与惩罚、泛化、消退、榜样示范、刺激控制、行为契约等。其中，强化是一个人积极寻求刺激的动因，会使一个人趋向某种特殊的活动或形成某种特定的行为。泛化是人和动物把习得的经验扩展运用到其他类似的情境中去的倾向，可能是许多症状得以维持和发展的原因。消退是新条件反射建立后，若继续给予条件刺激，原条件反应的强度就会下降，直到消失。

（二）系统脱敏

系统脱敏又称交互抑制法，是由美国学者约瑟夫·沃尔普（Joseph Wolpe）创立和发展的。这种方法主要是诱导人缓慢地暴露出导致神经症焦虑或恐惧的情境，并通过心理的放松状态来对抗这种焦虑或恐惧情绪，从而达到消除焦虑或恐惧的目的。

1. 系统脱敏的理论基础和作用原理

系统脱敏是最早应用的行为治疗技术之一。行为理论认为，人的行为，不管是功能性的还是非功能性的、正常的或病态的，都经学习而获得，而且能通过学习而更改、增加或消除。

通俗地说，系统脱敏通常是以“刺激-放松”反射的适应行为，来取代求助者已经形成的“刺激-异常”反射，继而强化适应行为，使适应行为得到巩固，从而克服异常行为。

如果一个刺激所引起的焦虑或恐惧状态在人所能忍受的范围之内，经过多次反复呈现，他便不会再对该刺激感到焦虑和恐惧，治疗目标也就达到了。这就是系统脱敏的治疗原理。

2. 实施系统脱敏的一般步骤

（1）建立焦虑或恐惧的等级。找出所有使人感到焦虑或恐惧的事件，并按由小到大的等级顺序排列。

（2）进行放松训练。选择安静舒适、光线柔和、气温适宜的环境进行肌肉放松训练。按照手臂、头面部、颈部、肩部、背部、胸部、腹部以及下肢部的顺序依次训练。训练过程中学会体验肌肉紧张与松弛的区别。一般需要6～10次练习，每次历时半小时，每天1～2次，以全身肌肉能够迅速进入松弛状态为合格。

（3）系统脱敏治疗。一般分为三个步骤进行：一是进入放松状态。坐在舒适的座椅上，随着音乐的起伏开始放松。二是想象脱敏训练。首先想象让自己焦虑或恐惧的最低等级的刺激物或事件。若能清晰地想象并在感到紧张时停止想象且全身放松，则重复以上过程，直到不再对想象感到焦虑或恐惧，开始进行下一个等级的脱敏训练。一次想象训练不超过四个等级，如果训练中某一等级出现强烈的情绪，则应降级重新训练。当通过全部等级时，可以进入现实情境。三是现实训练。这是治疗最关键的地方，仍然从最低级开始至最高级，逐级放松、脱敏训练，以不引起强烈的情绪反应为准。

（三）森田疗法

森田疗法是日本慈惠医科大学森田正马教授根据自己对神经症的切身体验，通过对当时神经症的一些主要方法进行综合、概括和扬弃而创立的一种心理治疗方法。

森田疗法的基本原则是顺应自然，为所当为。

森田疗法要求来访者对症状首先要承认，不必强求改变，要顺其自然，认识情感活动的规律，接受情感，不去压抑和排斥它，让其自生自灭，并通过自己的不断努力，培养积极健康的情感体验。

顺应自然既不是对症状消极忍受，无所作为，又不是对症状放任自流、听之任之，而是按事物本来的规律行事，凭症状存在，不抗拒排斥，带着症状积极生活。

森田疗法把与人相关的事物划分为两大类：可控制的事物和不可控制的事物。可控制的事物是指个人通过自己的主观意志可以调控、改变的事物；不可控制的事物是指个人主观意志不能决定的事物。森田疗法要求神经症来访者通过治疗，以学习顺应自然的态度，不去控制不可控制之事，如人的情感；但还是注意为所当为，即控制那些可以控制之事，如人的行动。“为所当为”是指在顺应自然的态度指导下的行动，是对顺应自然治疗原则的充实。

森田疗法原本为森田治疗神经症而创立，但其“顺应自然、为所当为”的治疗理念，在解决一般心理问题、促进个人发展方面也具有很好的应用效果。

（四）焦点解决短期治疗

焦点解决短期治疗是由史蒂夫·德·沙泽尔（Steve de Shazer）及茵素·伯格（Insoo Berg）夫妇在短期家族治疗中心发展出来的一种心理治疗模式。

1. 基本理念

焦点解决短期治疗的基本精神是强调如何解决问题，而非发现问题的原因；以正向的、朝向未来的、朝向目标的积极态度促使改变发生。

具体包括：（1）事出并非定有因。（2）问题症状同样也具有正向功能。

(3) 不当解决方法是造成问题的根本。(4) 来访者是自身问题的专家。(5) 从正向的意义出发。(6) 凡事都有例外。

2. 具体技术

焦点解决短期治疗的主要技术包括一般化、咨询前改变的询问、预设性的询问、评量询问、振奋性的鼓舞、赞许、改变最先出现的迹象、奇迹询问、关系询问、例外询问、任务/家庭作业、因应询问、EARS (Eliciting, Amplifying, Reinforcing, Start again) 询问共计 13 项技术。

3. 基本流程

(1) 问题描述阶段。这一阶段是通过询问来访者的求助动机，给来访者提供描述问题的机会。

(2) 设定目标阶段。咨询师在好奇、尊重、关怀的态度下，引导来访者进入咨询访谈，澄清来访者想要的目标，并建立工作目标。

(3) 探索例外阶段。此阶段集中寻找与深入探究来访者生活的各种例外经验，并且追溯来访者是怎样让这些例外经验发生的。

(4) 回馈阶段。回顾和整理来访者在前面阶段所提到的有效解决的途径，然后以正向的回馈、有意义的信息及家庭作业的方式将这些信息提供给来访者。

(5) 评量阶段。指导来访者自己评量对于问题的解决过程与结果是否满意。

(五) 叙事疗法

叙事疗法的创始人和代表人物为澳大利亚临床心理学家麦克·怀特 (Michael White) 及新西兰的戴维·爱普斯顿 (David Epston)。叙事，简单地说就是说故事。所谓叙事疗法，就是咨询者运用适当的方法，帮助当事人找出遗漏片段，以唤起当事人改变内在力量的过程。叙事疗法对“人类行为的故事特性”，即人类如何通过建构故事和倾听他人的故事来处理经验颇感兴趣。

1. 基本假设

(1) 叙说是人类的天性，人都生活在故事中，也都有叙说其故事的需要。

(2) 故事是有生命的，人用其故事来展现人生。

(3) 自己是故事的作者。

(4) 人经历事件，也不断诠释其意义。

(5) 总有特定的事特别突显，成为围绕着某个主轴的主要故事。不符合这个主轴的、不被注意的事件，被称为替代故事。

2. 基本观点

（1）“人≠问题”。把问题和人剥离开，将问题“外化”。

（2）“每个人都是面对自己问题的主人。”每个人都是面对自己问题的专家，都是生命的主人。

（3）“放下主流文化的量尺。”很多问题都与主流文化用什么样的量尺来衡量我们有关。

（4）“较期待的自我认同。”有些激发人的力量的支线故事可以带来“较期待的自我认同”。

3. 治疗方法

（1）故事叙说——重新编排和诠释故事。人们可以通过重新叙述自己的故事甚至只是重新叙述一个不是自己的故事，发现新的角度，产生新的态度，从而产生新的重建力量。把日常生活中的困扰，用不同的角度来“重新编排”，成为一个积极的自己的故事，或许可以改变盲目与抑郁的心境。

（2）问题外化——将问题与人分开。问题外化之后，问题和人分家，人的内在本质会被重新看见与认可，使人有能力与能量反身去解决自己的问题。

（3）由薄到厚——形成积极有力的自我观念。叙事疗法是在消极的自我认同中，寻找隐藏的积极的自我认同。叙事疗法认为，当事人积极的资源有时会被自己压缩成薄片，甚至对其视而不见。如果将薄片还原，在意识层面加深自己的觉察，这样由薄而厚，就能形成积极有力的自我观念。

叙事疗法的策略，有点儿像中国古老的太极图：在黑色的区域里隐藏着一个白点，当白点由点扩大到一个面的时候，就会由量变发展到质变。

第三节　团体心理辅导

一、团体心理辅导概述

团体是指由三人或三人以上组成的具有共同目标、存在情感互动的一群人的集合。团体心理辅导是在团体情境下运用群体动力原理进行的一种心理辅导形式。

（一）团体类型

根据不同的标准，团体可以有不同的类型。依据团体辅导的功能，可将其分为成长性团体辅导、训练性团体辅导和治疗性团体辅导。依据团体成员的问题性质，可以将其分为异质团体与同质团体。根据团体活动有无明确目标和具体设计，可以分为结构性团体和非结构性团体。根据成员是否能自由参与，可以分为开放性团体和封闭性团体。

在学校心理辅导工作中，根据成员的来源又有不同的类型之分。有时心理课用团体辅导的形式来进行，即以班级为单位来进行团体心理辅导；有时利用学校选修课程招募不同班级的学生组成选课班级，进行团体心理辅导；有时会设置不同的主题，招募部分学生组成小组，进行团体心理辅导。

（二）团体心理辅导与个别心理辅导的异同

团体心理辅导和个别心理辅导既有相同之处，也有很多不同。二者的异同如表2-1所示。

表2-1 团体心理辅导和个别心理辅导的异同

	内容	个别辅导	团体辅导
相同点	目标	促进来访者/成员的成长和发展	
	原则	发展性原则	
	技术	一般心理辅导技术	
	对象	有发展困难的正常人	
	伦理准则	遵守保密原则及辅导所需遵守的其他伦理道德和专业守则	
不同点	人数	较少	较多
	互动程度	更有深度	更有广度
	助人氛围	不明显	强烈
	问题类型	广泛	狭窄
	技术侧重	个别辅导技术	团体带领技术
	工作场所	简单	复杂

（三）团体心理辅导技术

中国台湾学者徐西森将团体心理辅导技术分为初层次辅导技术（同理心、积极倾听、澄清、支持、解释、摘要、反应、发问、反馈、非语言、促进）和高层次辅导技术（保护、目标设定、建议、面质、立即性、沉默、自我表露、阻止、联结、折中、评估、设限、调律、整合）；中国台湾学者吴武典将团体心理辅导技术概括为三类，即反应技术（倾听、真诚、同理心、澄清、尊重）、互动技术（联结感受、认知解释、支持鼓励）、主动技术（解释、面质、自我开放、询问）。

二、团体心理辅导的一般阶段和步骤

（一）团体心理辅导阶段划分及特点

1. 准备阶段

在团体心理辅导准备阶段，团体还没有形成，处于筹备过程中。该阶段的核心任务就是组建团体。具体来说，主要有以下任务。

（1）确定团体的性质、主题与目标。不同性质的团体所面向的对象是不同的，对团队领导者的要求也不同。通常学校中带领的团体都是成长性团体，个别可能会有训练性团体。团体活动围绕什么主题，要达成什么目标，是在开展团体活动之前首先要确定的事情，后续所有的工作都要以此为基础来进行。

（2）确定团体面向的对象。根据团体的性质和主题来确定哪些人适合参加本次团体活动。有些团体适合所有人参加，有些则只能面向特定人群。比如职业生涯规划团体、人际交往团体等，任何感兴趣的学生都可以参加；但学生干部培养团体，则主要面向各班学生干部。

（3）设计具体的活动方案及程序。团体心理辅导活动方案相当于教师上课的教案。团体领导者可以根据此方案带领团体进行。

（4）准备团体活动所需要的场地和设施。团体活动所需要的场地和设施同普通教室有很多不同，不同团体活动所需要的设施和材料更是多种多样。这也是团体活动和一般课程的区别之一。

（5）甄选成员组成团体。团体心理辅导活动以发展性辅导为主，适合绝大多数学生。因此大多数情况下，无须甄选团体成员。比如班级团体心理辅导，自然而然全班学生都在团体之列，不可能通过甄选排除个别学生，不让他们参加。但对于一些通过招募产生的特定的团体活动，比如拓展训练团体，则需要通过面谈、查阅档案等方式了解学生的健康状况，排除有特殊疾病或身体残疾等不适合参加本次团体的学生。

2. 实施阶段

以上所有准备工作完成，就可以根据设计好的活动方案开展团体心理辅导活动。在实施过程中，可以根据学生的实际情况对设计的方案进行适时的修订。实施阶段又可以细分为四个阶段。

（1）创始阶段。在开始阶段，团体的特征具有不确定性和试探性。核心任务是了解、接纳、认同、信任。具体来说，主要有三项任务：一是促进成员相识；二是制定团体规范；三是澄清团体目标。

（2）转换阶段。在转换阶段，团体的特征是攻击性和防御性。核心任务是减少焦虑与自我防卫。具体来说，主要有三项任务：一是协助团体建立自我表达的模式，鼓励成员正确地表达冲突；二是为成员提供必要的支持，以帮助其适应挑战；三是建立安全和信任关系。

（3）工作阶段。在团体的工作阶段，团体的特征是凝聚力强、信任度高，成员关系越来越稳定。团体的核心任务是借助团体强大的凝聚力，支持、保护自我表露的成员，并同其他成员一起采取有效行动，促进该成员行动的改变和问题的解决。

（4）结束阶段。在团体的结束阶段，团体的特征是离别焦虑与总结回顾。团体的核心任务是分离。具体来说，主要有两项任务：一是处理成员离别的情绪，减少离别所带来的焦虑与担心，要让成员明白团体给他们带来的力量不会随着团体的解散而消失；二是回顾整个团体的历程，澄清团体经验的意义，并提醒成员注意团体效能的迁移，鼓励成员在今后的生活中保持信心，勇于应对困难与挑战。

3. 总结阶段

团体心理辅导活动结束后，要对活动进行及时总结，并通过一定的方式比如学生总结、调查问卷、面谈访问等，对活动的效果进行评估，以利于后续活动的改进。总结阶段，团体的特征和核心任务是评估团体效果。具体来说，主要有三项任务：一是整理团体资料并存入档案；二是对成员的情况进行追踪观察，其方式可以是电话访谈、团体会谈等，追踪的时间可以是几个月，也可以是几年；三是撰写记录或报告。

表 2－2 是团体心理辅导各个阶段的具体内容。

表 2－2　团体心理辅导各阶段的内容

	准备阶段	创始阶段	转换阶段	工作阶段	结束阶段	总结阶段
团体特征	筹备	定向与探索：人际沟通表面化	过渡：成员焦虑和各种形式的抗拒	问题解决：凝聚力强，信任度高	分离：成员的离别情绪	评估
成员需求	加入团体	获得安全感	被真正接纳和有归属感	利用团体解决个人问题	处理离别情绪	个人得到更好的成长和发展

续表

	准备阶段	创始阶段	转换阶段	工作阶段	结束阶段	总结阶段
领导者任务	核心任务：组建团体 1. 确定团体的性质、主题与目标； 2. 确定团体面向的对象； 3. 设计具体的活动方案及程序； 4. 准备团体活动所需要的场地和设施； 5. 甄选成员组成团体	核心任务：了解、接纳、认同、信任 1. 促进成员相识； 2. 制定团体规范； 3. 澄清团体目标	核心任务：减少焦虑与自我防卫 1. 协助团体建立自我表达的模式； 2. 为成员提供必要的支持，以帮助其适应挑战； 3. 建立安全和信任关系	核心任务：提高凝聚力，探讨重大问题，采取有效行动，促进行动改变	核心任务：分离 1. 处理离别情绪； 2. 澄清团体经验的意义，激励经验行动化	核心任务：评估团体效果 1. 整理资料并存档； 2. 进行追踪观察； 3. 撰写记录或报告
成员任务	初步了解团体	建立团体的认同感和信任感	认识并处理各种抗拒行为	探索具有个人重要意义的内容	总结经验，告别团体	能把团体所学应用于生活
可能出现的问题	1. 成员招募不足； 2. 个别成员不适合参加本次团体	1. 成员被动等待； 2. 成员对团体不信任或恐惧，表现出抗拒； 3. 成员对团体认识模糊	1. 可能会将别人归类，也可能给自己贴标签； 2. 可能不愿表达负面情绪而造成彼此不信任； 3. 以防卫形式掩盖其问题； 4. 可能形成次团体而彼此冲突	1. 成员沉迷于活动，忽略目标； 2. 碍于情面，难以面质他人； 3. 见到他人情绪宣泄或被面质而焦虑退缩； 4. 有感悟，但做不到	1. 面对离别再度封闭； 2. 毫不在乎，不回顾反思； 3. 认为团体结束即成长终止	1. 缺乏团体支持，难以维系行动； 2. 忘记改变需要时间、努力和实践
应对策略	1. 通过多种形式做好宣传发动工作； 2. 通过访谈排除不适合的成员	1. 强化团体和谐氛围，增进成员对团体的信任； 2. 专注倾听接纳，引导成员参与； 3. 关怀，倾听，接纳，理解		1. 适时引导思考，提醒团体的目标； 2. 引导成员提出建设性面质与挑战； 3. 适时强化情绪宣泄及建设性面质； 4. 引导成员承诺、尝试新行动，并让成员了解生活化、行动化非朝夕可得	1. 提前预告，做好结束准备； 2. 接纳感受，倾听、关怀、尊重； 3. 引导思考团体结束后的目标，协助树立新起点，强化团体结束是另一个起点而非终点	1. 引导学会寻求社会支持； 2. 引导思考成长历程

续表

	准备阶段	创始阶段	转换阶段	工作阶段	结束阶段	总结阶段
常用技术		1. 相识技术； 2. 分组技术； 3. 让成员参与团体的技术； 4. 处理成员负面情绪的技术	1. 处理防卫行为的技术； 2. 处理冲突行为的技术； 3. 对待特殊成员的技术	1. 引导参与； 2. 解决问题； 3. 角色扮演； 4. 及时介入； 5. 家庭作业或行动练习	1. 每次聚会结束技术； 2. 预告团体结束技术； 3. 团体历程技术	
活动设计原则		1. 设计无压力的相识； 2. 表层分享	1. 此时此地的分享活动； 2. 引发中等层次自我表露的活动； 3. 探讨人际关系的活动	1. 针对团体目标； 2. 针对成员需求； 3. 其他，如针对特殊事件、团体动力、个人专长	1. 有机会回顾团体经验； 2. 给予和接受反馈，相互祝愿和激励	
备注	领导者的功力和准备决定了团体活动的成败	1. 态度比技术更重要； 2. 同理心比建议更重要； 3. 注意确保所有成员参与互动	1. 避免对成员贴标签或指责； 2. 避免成员因过早开放而受到伤害	1. 适时自我开放和示范适宜行为； 2. 在支持与面质间取得平衡； 3. 鼓励探讨此时此地的事情		

（二）团体不同阶段的活动与设计

1. 团体不同阶段的练习活动

清华大学樊富珉（2005）认为，在团体不同阶段，各有不同的适合活动。

在团体初期适合的练习有滚雪球、拍打穴位、寻找“我”的那一半、对对碰、无家可归、解开千千结等。

有助于增进团体信任的练习有盲行、信任跌倒、信任圈、睹物识人、同心协力等。

增强团体凝聚力的练习有画图、讲故事、突围闯关、组歌比武等。

催化成员自我探索的练习有“我”是谁、生命线、自画像、盾型探索、生存选择、设计“我”的T恤衫、生活计划等。

加强成员互动沟通的练习有循环沟通、金鱼钵、脑力激荡、热座、镜中人等。

适合团体后期结束的练习有真情告白、心意卡、化装舞会、联欢会、大团圆、合唱。

2. 团体不同阶段的练习设计

中国台湾学者吴武典教授认为，领导者应该了解每个练习适合哪个团体阶段，灵活而有针对性地选择。表 2－3 总结了团体不同发展阶段适合采用的练习（樊富珉，2005）。

表 2－3　团体不同发展阶段的练习设计

团体目标	发展阶段	使用练习	目标希望行为	领导者注意事项
互相认识，引发兴趣	1，2	自我介绍，介绍伙伴	团体气氛舒服融洽，成员乐于与人谈话	促进倾听和沟通
培养一体感，融入团体	1，2	建立团体规范	讨论团体规范，成员积极投入，公开表示支持	综合成员意见，将规范以书面形式呈现
互相分享及团体亲密感	1，2，3	集思广益，团体决策	成员对每个练习全心投入，能接受他人的意见	积极倾听，引导产生团体合作
提供成员自我表露的经验	2，3，4	自我画像	互相分享自己的价值观，澄清、接纳彼此间的差异，互相学习对方的优点	要求成员分享彼此的看法，思考评估团体的意见和看法
自我表露与批判性	2，3，4，5	美术拼贴	全体积极投入找寻完成练习所需的字和图画	让成员先思考后行动
通过自我表露明确问题	3，4，5	黑白面具	将自己生活中的事与团体分享，主动接纳他人	以正向的观点评论成员的此刻感受
找出问题产生的影响，明确要解决的问题	3，4，5	“我”的问题何在	彼此讨论个人问题所在，找出希望团体帮助解决的问题	确保团体的正向和支持性，避免价值判断
帮助成员发展具体可行计划	3，4，5	发展计划	成员提出自己的问题，并互相提供解决意见	检查每个计划是否可行，鼓励成员行动

第四节　在学科教学和班级管理中渗透心理辅导

一、在学科教学中渗透心理辅导

学校以教学为中心，课堂教学是学校教学工作的主要内容，也是实施素质教育的主要途径。课堂教学在保证学生智育健康发展的同时，还肩负着对学生进行心理辅导的重任，这是因为心理辅导是学校智育的基础，智育和心理辅导的结合主要体现在课堂教学中。

（一）什么是在学科教学中渗透心理辅导

在学科教学中渗透心理辅导，指教师在各学科教学过程中能自觉地、有意识地运用心理学理论和技术，启发学生的学习兴趣，帮助学生提高课堂学习活动的认知、情感与行为技能，促进学生生动、活泼、主动地学习和发展（王书荃，2005）。

各学科教学渗透是进行心理辅导的基本途径。它涵盖各学科课堂教学的全过程，包括课堂教学目标、内容、方法的精心设计，课堂管理和课堂心理环境的加强和优化，对学业困难学生的帮助指导等。

在学科教学中进行心理辅导渗透，就是教师借助学科教学情境（时间、空间）进行的心理辅导，它符合全员参与的基本原则。

（二）在学科教学中渗透心理辅导的内容

课堂教学的主要任务是促进学生的知识学习。在知识学习中，学生的学习效率主要受两个方面的影响：一是智力因素；二是非智力因素。学科教学中的心理辅导内容主要包括对学生注意力、记忆力、观察力、思维能力等智力因素的培养和对情绪情感、意志、性格等非智力因素的培养。

1. 在学科教学中对智力因素的培养

学生的认知能力水平对知识的学习具有非常重要的作用。一个人的认知能力水平反映的是一个人的智力水平。许多心理学家对认知能力与学习的关系进行了大量的统计分析，结果发现相关系数为 0.60 左右，属显著相关。这意味着认知能力是影响知识学习的重要因素。一般来说，在其他条件大体相同的情况下，认知能力水平高的学生学习成绩也较好。因此，教师在各学科教学中要十分注意加强对学生注意力、记忆力、观察力、思维能力等一般认知能力的培养。

2. 在学科教学中对非智力因素的培养

课堂是心理辅导的主渠道，而各科教材作为教学活动的载体，更是蕴藏着丰富的心理辅导资源。教师在教学过程中应注意挖掘教材中的有关教育契机，这是培养非智力因素的一个重要途径。

教师要把心理辅导列入各学科教学目标，在备课时，认真分析和挖掘教材中的心理辅导因素，并把它渗透到课堂教学的各个环节中。如文科教学中可帮助学生建立良好人际关系、正确对待挫折、合理调控和宣泄情绪、学习典型人物取得成功或遭受失败的经验教训以及他们身上体现出来的情商因素等，这些都是心理辅导的材料。在理科教学中，可进行有序、缜密的逻辑思维、创造思维的训练，学习科学家的创新精神，吃苦耐劳、不屈不挠的坚强意志等。

对于一些确实不含心理辅导因素的学习内容，教师可把心理辅导内容渗透到学习活动的形式中。例如，通过角色扮演，让学生移情理解角色的内心世界，学会恰当表达自己的情感，培养调节和控制情绪的能力；通过小组合作学习，培养学生的合作、公平竞争的精神等。

二、在班级管理中渗透心理辅导

（一）什么是在班级管理中渗透心理辅导

班级是学校的最基层组织，是按照学生的年龄和知识层次组成的，以完成学校教育教学任务为共同目标，且有一定组织机构和规章制度的共同体，是学校教育、教学、管理三位一体的主体。学校的教育教学活动都是以班级为单位开展的。可以说，班级是满足学生诸多心理要求的最佳场所。

在班级管理中渗透心理辅导，是指班主任在班级管理过程中，能自觉地、有意识地运用心理学的理论和技术，对班级学生进行辅导教育，促进全体成员心理健康发展。

（二）在班级管理中渗透心理辅导的方法

1. 建立良好的班级文化氛围

良好的班级文化氛围有助于学生健康人格的建立，是班级管理中对学生进行心理辅导的前提和保证。

（1）创设良好的物质环境。在班级管理的过程中，要努力为学生营造良好的文化氛围，设计美化教室，让学生在创造美的过程中获得美的体验，让学生在美丽、温馨、宽松的环境中产生一种健康向上的情感，促进心理和谐发展。

（2）营造和谐的人际心理环境。近朱者赤，近墨者黑。环境对人的影响非常大。学校心理辅导也要求将学生置于一个良好的教育环境中，利用内在的、潜移默化的环境教育因素对学生施加积极的影响。学生心理品质的形成和发展、行为的改变、心理问题的解决需要教师精心设计、严密组织教育活动，其中包括对教育态度、教育环境、教育氛围和人际交往的优化。

（3）合理安排课外活动。教师可以通过举办灵活多样、趣味十足的课外活动，丰富学生的生活，调动学生的参与兴趣，促使每位学生都能够参与到活动中，以发展学生的心理意识，提高学生的适应能力，使学生通过合作、交流、互助等，养成乐于助人的良好品格，顺利地完成今后的学习和生活。

2. 开展心理辅导主题班会

所谓心理辅导主题班会，指围绕一个专题，在班主任的组织和指导下，运用心理学的理论和技术，以班集体的智慧和力量为依托，以学生为主体，促使学生自我探索、体验与感悟，预防或解决问题，激发学生潜能，促进班级成员的个性发展的教育活动。

主题班会是班主任教育学生成长、进行班级管理的一个重要渠道。在主题班会中渗透心理辅导，利用心理辅导活动这种学生乐于接受的形式，充分发挥主题班会的育人功能，是在班级管理中渗透心理辅导、促进班集体心理健康品质形成的重要途径。

和传统班会相比，心理辅导主题班会有以下不同：

一是选题不同。传统的主题班会主题很广泛，通常依据学校的中心任务选题或直接由学校指定主题。而心理辅导主题班会是根据学生常见的心理问题和学生在不同年龄阶段的心理特点而选择主题，具有针对性和时效性。

二是目标不同。传统的主题班会服务于德育，更强调对学生的思想政治教育。而心理辅导主题班会注重的是学生的身心发展，以帮助学生形成健全人格、发展良好心理品质为己任。

三是形式不同。传统的主题班会主要采用理论阐述、说服教育、文娱表演、参观访问等形式。心理辅导主题班会运用团体辅导、心理剧和心理游戏等形式，重视学生在班会过程中的体验，并对体验进行概括总结和分析。

四是教师角色不同。在传统主题班会中，教师的角色主要是管理者。而在心理辅导主题班会中，教师的角色是指导者和参与者。

张冬梅（2010）认为，心理辅导主题班会的特点主要有活动性、主体性、体验性、互动性、和谐性和趣味性。

心理辅导主题班会，可以借鉴团体心理辅导的模式来进行。其主要环节、师生任务等如表 2－4 所示。

表 2-4　心理辅导主题班会的主要环节

	导入阶段：活动导入	过渡阶段：认知激发	工作阶段：催化分享	发展阶段：经验整合	总结阶段：应用巩固
目的	暖身、导入	引发冲突	求证、互助	认知修正，价值重构	巩固效果
教师任务	说明活动规则，指导活动顺利进行	根据活动提出问题，引发学生认知冲突	做好分组和秩序维持	引导、小结	布置家庭作业
学生任务	按照教师指导积极参与活动	自我探索，挑战原有认知	小组讨论、"小记者"采访、团体汇报等	分享获得经验，报告学习体会，自我经验整合	完成作业

注意事项：一是创设安全、真诚、宽松的团队氛围；二是体现发展的目标；三是采用多样有趣的活动形式。

3. 利用家长会进行渗透

教师要定期召开家长会，及时与家长进行沟通，共同探讨，统一思想，做好对学生的教育工作。在家长会上，不仅要让家长了解自己孩子在学校的情况，更重要的是指导家长学习先进的教育理念，推荐家长阅读心理辅导和家庭教育的书籍，让家长懂得和重视学生心理辅导的重要性，学会用科学的理念和方法引导孩子向健康方向发展。

《拓展阅读》

1. 连榕．学校心理健康教育读本．北京：教育科学出版社，2012.

本书共分五编。第一编"心理与心理健康"，主要介绍心理、心理学、健康、心理健康、教师心理健康的基础知识和基本原理，形成心理辅导的科学基础；第二编"学生心理与心理健康"，主要介绍学生心理发展的特征、规律，以及影响学生心理健康的各种要素，如何去促进学生心理的健康成长；第三编"教师心理与心理健康"，主要帮助教师了解自己的专业成长心理、职业发展心理，掌握心理辅导的自我维护与促进的方法与技能；第四编"学校心理健康教育的原理"，主要介绍学校心理辅导的目标、原则、途径与方法、内容与课程等；第五编"学校心理健康教育的实践"，主要教给教师开展心理辅导的基本方法与技能，使教师具有帮助学生心理和谐发展的实践能力。

2. 蒋薇美．怎样上好心理课．上海：上海科技教育出版社，2016.

本书共分为十章。其中一、二章为"理论与实务篇"，重点介绍心理辅导课程的基本概述和理论基础，心理辅导课的教学过程、技巧策略与评价，分析教材编写的依据并介绍推荐实用的教材。第三章至第十章为“专题与教案篇”，分别对心理辅导课程所包含的八大专题（生命意识、生活适应、人际交往、情绪管理、学习发展、青春健康、自我认识、生涯发展）进行详尽的分析，并提供相应的教案。这些内容有利于教师加深对心理课的理解，明白心理课的构架与内容体系，提升心理课的质量和效果，提高心理课的针对性和有效性，准确把握心理辅导活动的意图和目标，规范操作提供的各种活动和游戏，对于中小学心理教师在课程理论和实践方面具有重要指导作用。

3. 山东省教学研究室，《中小学心理健康教育的理论与实践》编写组．中小学心理健康教育教师指导用书：中小学心理健康教育的理论与实践．济南：山东画报出版社，2012.

本套丛书共分小学、初中和高中三册，依据教育部《中小学心理健康教育指导纲要》编写，适用对象包括中小学校管理人员、班主任、心理健康教师以及学科教师，同时也可作为中小学心理健康教师培训和培养的参考用书。

4. 刘明．心醉神怡：心理咨询的秘密．北京：北京师范大学出版社，2010.

本书是作者多年心理咨询经验的结晶。全书语言通俗易懂，在平实中让读者领悟到心理咨询的秘密。在内容上，全书围绕作者独创的心理咨询三字经，本着人道至简的意蕴，以独特的视角帮助读者打开奇妙的心灵之窗，揭示人际互动的本质，直达隐秘幽微的内心深处，使心理咨询成为操作简单却又力量非凡的工作方式，使人在其中享受心醉神怡的体验，于其外重构有滋有味的幸福人生。

5. 樊富珉，何瑾．团体心理辅导．上海：华东师范大学出版社，2010.

本书将团体心理辅导的理论与实践很好地融合在一起，实用性强、操作性强。全书按团体辅导的发展顺序，分了六个单元，即团体辅导的准备篇、创始篇、过渡篇、工作篇、结束篇和应用篇，逐步呈现教材的内容，使学习过程成为团体辅导的体验之旅。全书每个单元均包含“导入”“技术点拨”“知识学习”“活动参考”“单元作业”五个板块，学习者可以根据自己的实际需要，自由选取和组合。

反思助学

1. 如何看待心理辅导的课程名称？
2. 如何理解心理课程的性质？
3. 为什么把心理课的基本理念定位于积极心理学？
4. 个别心理辅导的原则是什么？

5. 行为矫正的操作要点是什么?
6. 焦点解决短期心理治疗的主要观点有哪些?
7. 叙事疗法的主要观点有哪些?
8. 试述团体心理辅导阶段的划分及特点。
9. 什么是心理辅导在学科教学中的渗透?
10. 在班级管理中渗透心理辅导的方法有哪些?

第三章

心理辅导的常用技术

内容概要

心理辅导需要较强的技术支持。本章重点介绍学校心理辅导工作中常用的三种基于精神分析理论的技术：经典的绘画测验和沙盘游戏，新兴而便捷的心理格板。对各种技术分别介绍其来源、优点、使用方法并进行分析，最后总结三种技术的异同、心理分析和颜色象征。

知识概图

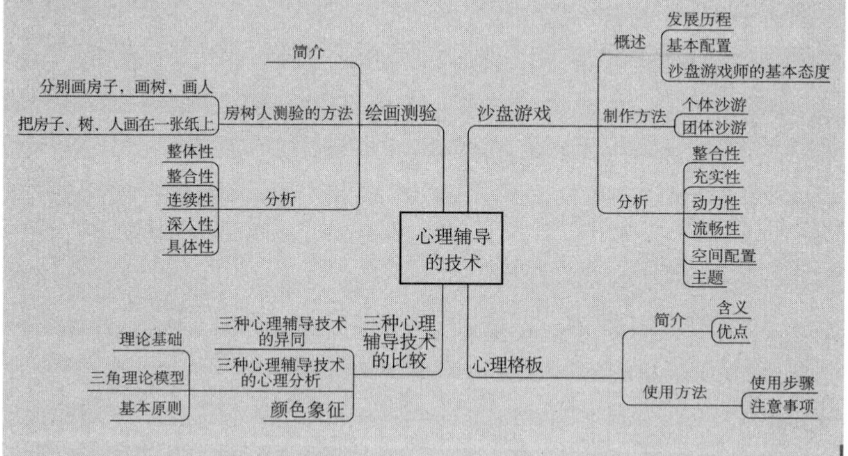

第一节　绘画测验

一、绘画测验简介

在临床心理学中，给被测验者铅笔、橡皮以及几张白纸，要求他们在白纸上描绘一些图画，然后根据一定的标准，对这些图画进行分析、评定、解释，以此来了解被测验者的心理现象、心理功能、智力状态或人格特征，判断心理活动的正常或异常等问题，为临床心理上的心理评估、诊断和治疗服务。所有这种形式和类型的心理测验统称为绘画测验（张同延，张涵诗，2007）。绘画测验中最常见的是房树人测验。

房树人测验（Tree-House-Person，HTP）由美国心理学家约翰·巴克（John Buck）率先在美国《临床心理学》杂志上系统论述。最初只是进行画树测验。20 世纪 60 年代，日本引进了该测验并加以推广应用。学者们在临床实践中发现，将房子、树、人三项合画于一张测验纸上，不仅可以大大减轻被测验者的负担，扩大测验对象范围，提高成功率，而且能简捷有效地检测被测验者的人格特征。吉阮洪（2011）认为，绘画测验法不但简单易行容易评分，而且比起其他大部分测试更加有趣。

二、房树人测验的方法

房树人测验的方法多种多样，在测验的形式上也有许多变通。最基本的就是要求被测验者分别画出房、树、人，然后进行分析和评估。有的则要求被测验者在画完房、树、人后，再用蜡笔对画面进行涂抹上彩；还有的对人物画专门要求画出性别相反的两个人物；综合性“房树人测验”（或称统合型“房树人测验”），则要求被测验者在同一张纸上画出房、树、人来进行测试。

（一）分别画房子，画树，画人

传统的房树人测验是让来访者分别画出房子、树、人三张画。

1. 画房子

画房子时，基于阅读习惯，纸一般是横着放。给来访者的指导语可以是：“请画一个房子。”

如果来访者问：“画一个什么样的房子？是真实的房子，还是想象中的房子？”可以回答：“你想怎么画就怎么画。”

2. 画树

画树时，基于阅读的习惯，纸一般是竖着放。

画树时，给来访者的指导语可以是："请画一棵树。"

如果来访者问："画一棵什么样的树？是自然界的树，还是想象的树？"可以回答："你想怎么画就怎么画。"

3. 画人

画人和画树时一样，纸一般是竖着放。

画人时，给来访者的指导语可以是："请你画一个人。"

如果来访者问："画一个什么样的人？"可以回答："你想画什么样的人都可以，但不要画火柴人或漫画人物。"火柴人是指好像用火柴棍搭出来的抽象人：头为圆形，身体由直线组成。漫画人物是模仿漫画或卡通画法，画出变形或高度抽象的人。这两种人高度抽象或变形，无法得到具体或真实的信息。

如果来访者问："画谁？"可以回答："你想画谁都可以。"

（二）把房子、树、人画在一张纸上

把房子、树、人画在一张纸上又称"动态房树人图"或综合性"房树人测验"。绘画时纸张一般是横着放。

指导语可以是："请在这张纸上画一间房子、一棵树和一个正在做某一个动作的人。请画一个完整的人，不要画火柴人或漫画人物。"

如果来访者问："可不可以画其他的东西？"可以回答："你想画什么都可以，但一定要有房子、树和人。"

三、绘画测验的分析

对绘画作品的表现及分析，主要从以下几点考虑。

（一）整体性

分析一幅作品，首先要从整体上看，比如面积的大小、线条的浓淡、线条的整齐与混乱、颜色的搭配与布局、平面与立体、整幅画面的格局与气氛等。有一个初步的整体印象之后，再进行房子、树、人的细节分析。

（二）整合性

在分析作品时，需要结合来访者对作品的描述、所产生的情感综合考虑，

然后进行分析，而不能仅仅依靠颜色理论或象征理论进行分析。

（三）连续性

在分析作品时，要对比来访者之前所绘制的作品进行分析，而不能仅仅依靠某一次的作品就匆忙下结论。特别是在进行绘画治疗时，连续性原则尤其重要。

（四）深入性

绘画分析的原理是心理投射。绘画作品中蕴含很多无意识的信息，如果仅仅分析意识层面的内容，显然是远远不够的。因此在分析作品时，要深入来访者无意识水平的内容，尽可能让来访者在分析中加深对自我的认识。

（五）具体性

人的心理千变万化、错综复杂，同一种图案可能会有不同的甚至是相互矛盾的解释，要确定究竟哪种解释更符合来访者，一定要大胆假设，小心求证，具体问题具体分析。

第二节　沙盘游戏

一、沙盘游戏概述

沙盘游戏是在辅导教师的陪伴下，来访学生从玩具架上自由挑选玩具，在盛有细沙的特制箱子里进行自我表现的一种心理辅导技术。

（一）沙盘游戏的发展历程

1911 年，英国作家威尔斯（H. G. Wells）出版了《地板游戏》一书，书中描述了他和两个儿子共同参与的许多活动，他们用木片、纸、黏土、小人模型、小动物模型等物件建造城市和岛屿。这些游戏鼓励独创性，推崇创造性的想象活动。

1929 年，英国小儿科医师玛格丽特·洛温菲尔德（Margaret Lowenfeld）发明了“世界技法”，又称作“世界游戏”。最初洛温菲尔德收集了许多小玩具和小物件让孩子们自由摆放。后来，她做了两个镀锌的箱子，一个装沙子，另一个装水，于是孩子们就开始把那些物件和箱子结合起来使用。“世界技法”就是让来访者自发地在干沙或湿沙中排列小物件或塑造沙型，创造出一幅画或一个场景。

1954 年，瑞士心理学者多拉·卡尔夫（Dora Kalff）将自己接受的荣格主义训练与世界技法相结合，形成了自己的理论观点和新的儿童心理治疗方法，并将之命名为 sandplay（沙盘游戏）。卡尔夫认为沙盘游戏是一种工具，儿童通过它可以表达原型和内心世界，并同外在现实相联结。她提出了一种假定，即这种象征性游戏实现了意识和无意识心智之间的沟通。

迪·多美妮科（G. de Domenico）写了许多关于洛温菲尔德世界技法和卡尔夫沙盘游戏学说的书，开发了沙盘-世界游戏的方法，以及在临床、教育和商业背景下用于儿童、青少年、成人、夫妇、家庭和团体的动力性表达游戏疗法。在她的努力下，沙盘游戏为更多人所熟知，得到了迅速发展。

1962 年，日本临床心理学家河合隼雄在瑞士的荣格研究所留学期间跟卡尔夫学习了沙盘游戏，并在 1965 年回国后将之介绍到日本。在日本的民间有一种类似于沙盘游戏的游戏方法，汉字写为“箱庭”，指用一些小玩具在盒子中创造图景，且儿童会主动让身边的人看自己制作。于是河合隼雄就将沙盘游戏命名为“箱庭”。

北京师范大学张日昇教授在赴日留学期间，跟随冈田康伸教授系统学习了沙盘游戏，并在河合隼雄鼓励和支持下，积极将之推广介绍到国内。2006 年，张日昇教授出版了《箱庭疗法》一书，这是国内第一部关于箱庭（沙盘游戏）的著作。

华南师范大学申荷永教授在赴欧美学习期间，接受了有关沙盘游戏治疗的专业培训，并在 1998 年创立广东东方心理分析研究院，成为国际沙盘游戏治疗学会在中国唯一的发展组织。自 2002 年起，申荷永教授开始专注于心理分析专业领域培训，培养了一批获得专业资质的沙盘游戏咨询师以及心理分析师，也产生了国内第一批符合国际沙盘游戏治疗学会要求的专业沙盘游戏治疗师以及符合国际心理分析学会要求的心理分析师。

（二）沙盘游戏的基本配置

1. 沙箱

沙箱大小一般为 57 厘米×72 厘米×7 厘米。沙箱内侧底与边一般漆成海蓝色，或者用海蓝色的有机玻璃板镶嵌，使来访者挖沙时会有挖出水的感觉。沙箱内侧的蓝色能够让人产生一种水天一色的感觉，从而在心理上对人的思维过程和行为产生影响。

2. 沙子

沙子在某种程度上构成来访者内在释放和保护的空间，一般为精选的天然细沙，目前也有很多地方用白沙替代。

3. 沙具

沙具可以表现人物、思想、状态、情感以及无限潜在的可能性。沙具有木质、陶土、塑胶、树脂、金属、水晶、绢质、蜡质、瓷质、玻璃等各种材质。种类可以包括人物类、动物类、植物类、建筑类、家居类、交通类、食品类等。

（三）沙盘游戏师的基本态度

张日昇教授（2006）认为，来访学生能否自由、放松地表现自己的内心世界，能否在制作沙游作品的过程中畅所欲言，辅导教师的态度很重要。在他的经典著作《箱庭疗法》一书中，他提出了三种态度。

1. 静默见证者的态度

卡尔夫曾说，在沙盘游戏过程中，不做任何事比做一些事要难得多。静默见证者的态度并非要求辅导教师坐在旁边一动不动，也不是说辅导教师可有可无。事实上，在沙盘游戏过程中，辅导教师始终要默默地关注着来访学生无意识世界的表现，以自己的无意识与来访学生的无意识进行交流对话，帮助来访学生自由、投入地创造并进入一个良性互动的精神世界。

2. 共感理解的态度

罗杰斯认为，对来访者共感理解是使心理咨询产生效果的最重要的因素之一。所谓共感理解，就是设身处地地体会来访学生的心理和情绪感受。沙盘游戏过程中共感理解的表现不只是对言语的理解，还包括对来访学生制作沙游作品的过程以及所摆放的玩具有“共同的情景”之感。来访学生在开始制作沙游作品时，辅导教师对其拟在沙箱中摆出什么样的情景、用什么玩具、先完成哪些都有一种“预知”的感受。这是一种高层次的共感理解，是辅导教师和来访学生内心世界的一种共性认识。

3. 母性原理的态度

荣格（C. G. Jung）认为，每一个人的人格中都不同程度地包含着男性原型意象和女性原型意象。心理辅导教师不论男女，其人格中必须维持一定的母性原理。相对于父性原理的“切断、分割和拒绝”的机能，母性原理的机能是“包容、包含和接纳”。

在沙盘游戏中，辅导教师和来访学生双方的关系，卡尔夫认为是“母子一体性”关系。当一个孩子被抱在母亲的怀里时，就会从心理上有一种被保护感，这是孩子最安心的时候。在沙盘游戏实施过程中，辅导教师对来访学生要像慈母一样始终关注、欣赏和鼓励，在需要时给予一定的帮助，但又不包办代替。这种感觉会令来访学生原本躁动不安的心得以平静。

二、沙盘游戏的制作方法

（一）个体沙游的制作方法

1. 向来访学生介绍沙盘游戏

沙盘游戏的指导语非常简单，可以说："请用架子上的玩具，在沙箱里做个什么，做什么都可以。"一般来说，来访学生看到架子上的玩具和沙箱自然就会明白，并不需要更多说明。如果有的来访学生问："动沙也可以吗？""只放动物可以吗？"辅导教师只需回答："你想怎么样都可以。""你按自己的想法去做就可以了。"

有时，辅导教师也可以给来访学生简单介绍一下沙盘游戏，或让来访学生先接触一下沙，比如请来访学生闭上眼睛，调整呼吸，用手触沙，用心感受，然后再开始制作。

2. 制作沙游作品

来访学生在初步理解沙盘游戏之后，就会开始选择玩具按照自己的意愿在沙箱中制作沙游作品。在整个沙游作品制作过程中，辅导教师要对来访学生的表现，如玩具的选用、摆放、移动轨迹，作品的修改等做好记录。

3. 体验沙游作品

鼓励来访学生从各个角度充分地体验自己所创作的沙游作品。辅导教师可以说："这是你自己的世界，请你认真观察、体验和品味，不仅仅用眼睛，还要用心去感受。"

4. 关于沙游作品的理解和对话

初期对话主要包括四个方面：一是作品的内容；二是最满意的地方；三是自己的位置；四是作品的主题。

在对话的后期，辅导教师要将沙游体验同现实相联结，询问来访学生沙盘中的事件与生活的反映，鼓励来访学生留意沙盘中的问题是如何在自己的日常生活中呈现的。

5. 沙游作品的记录和拆除

可以请来访学生给自己的沙游作品拍照。辅导教师也要从不同的角度对沙游作品进行拍照，对有特殊意义的地方还要进行特写式拍照。

拆除沙盘游戏作品，代表着结束一次行动，并开启新的路程。一般由来访学生自己拆除，也可以事后由辅导教师拆除。

（二）团体沙游的制作方法

团体沙盘游戏是多人共同进行沙盘游戏。张日昇（2006）认为，限制性团体沙盘游戏的基本规则如下。

1. 摆放顺序

摆放玩具的顺序是由事先的抽签或猜拳来决定的，尽量保证团体中的每个成员都有做“第一”的机会。如果小组某个成员连续几次都是第一个摆放玩具的人，那么在接下来的几次中由其他的成员抽签或猜拳决定“第一”。如果小组中所有成员都曾经有过做“第一”的机会，那么接下来的抽签或猜拳奉行“弱势优先”的原则，即抽到最末一个数字的人或猜拳输了的人为第一个摆放玩具的人，以保证制作顺序上的公平。

2. 每次摆放情况

每人每次只允许完成一个作业，如放一个玩具，挖一条河，或堆一座山等。完全相同的玩具，可以视情况灵活移动。不能将他人或自己已摆上的玩具拿走或放回玩具架，但允许移动自己或他人所摆放的玩具，并算作一次，移动完后在这一轮中就不能再摆任何玩具。

3. 拍照

每人轮完一次后再开始下一轮，在开始下一轮前对前一轮的沙盘游戏场景进行拍照。

4. 互动

整个制作过程都不允许成员之间说话，以免相互了解意图，但成员可以与辅导教师互动。

5. 放弃

在制作过程中，团体成员可以选择在某一轮放弃，即什么东西都不摆放，也不进行任何移动和调整。

6. 调整

整个制作过程最后一轮中的最后一个人在摆完后还可以有一次修饰的机会，对整个作品进行一些调整，但不能再添加玩具。

7. 制作时间

每次的制作时间没有严格的规定，但一般4～5人的团体以一次咨询的时间（50～60分钟）为宜。当辅导教师感觉到制作将要结束的时候要提醒团体还剩下一轮，使团体成员有心理准备，不至于由于突然结束而有不满意或不完整感。结束的标准，主要是根据辅导教师和团体成员对整个沙盘游戏制作过程的共感确定。

8. 成员的退出

团体成员参与是根据自愿原则进行的。每个成员都有权在中途提出退出的要求，但必须向辅导教师说明自己退出的理由。如果以后再想加入，应先向辅导教师提出申请，由团体其他成员和辅导教师一起协商决定。

三、沙游作品的分析

对沙游作品的表现及分析，主要从以下几点考虑。

（一）整合性

整合性主要考察沙游作品构成场面的各区域与主题的关系。所谓整合性，包括作品的均衡性、丰富程度、细致程度、流动性、生命力等。整合性可以直接反映来访学生的状态是和谐的还是矛盾的。

（二）充实性

一件沙游作品所使用玩具的数量和种类的丰富情况体现了作品的充实性，反映着来访学生内心的丰富程度。但是沙游作品并非使用玩具越多越好，过多的玩具会使作品拥挤不堪，表明来访学生可能有强烈的占有欲、烦乱状态以及完美主义倾向等。

（三）动力性

沙游作品可以表现出来访学生的心理是奋进的还是消沉的，是朝气蓬勃的还是寂寞凄清的。根据沙盘游戏的象征意义，通常将水源、山岳、人物、植物、交通工具、动力性动物及其方向一致性问题看成人的心理能量、生命力的象征。需要注意的是，来访学生沙游作品表现出来的动力性不是越强大越好，有些来访学生动力性过于强大，反映其理想与现实距离太大，导致心理不适应。

（四）流畅性

流畅性反映了来访学生心理能量的流畅程度，更准确地说是来访学生无意识内容表现得流畅与否的反映。评价沙游作品的流畅性，可以从玩具风格匹配、玩具方向、玩具间距、区域空间等方面进行考虑。

（五）空间配置

所谓空间配置，是指沙箱空间的左右配置、玩具的摆设状况。沙游作品的左侧可以看成是人的内在世界、无意识的世界，右侧可以看成是外在世界、意识世界（张日昇，2006）。如图3－1所示。

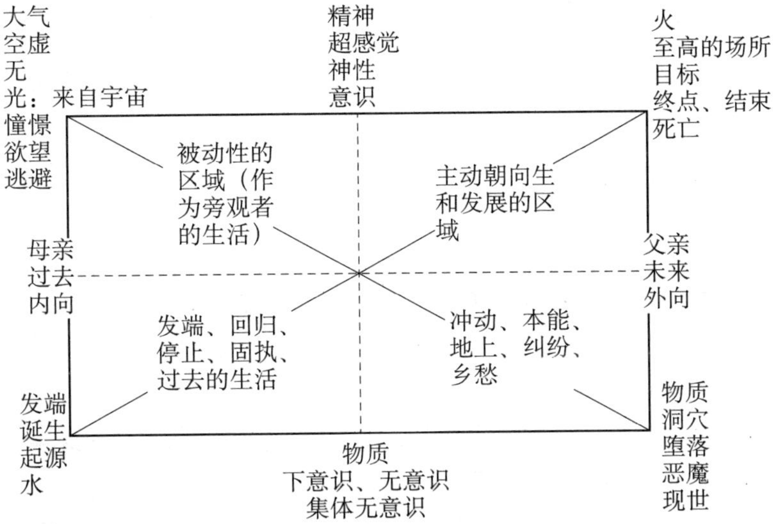

图3－1　沙游作品的空间配置

一般来说，将山、森林、佛像、神像、寺庙、神社、教堂等表示人的无意识部分的东西配置在左侧的倾向较强。在从内心世界向外部世界、从过去向未来的新的可能性开发过程中，使用沙箱左下角的情况往往较多。左下角往往意味着可能性、发展的源泉。车、船、飞机、动物、人及河川等若是都朝向一个方向，朝向左侧即意味着退行，朝向右侧则意味着进行。

（六）主题

通常情况下主题可以分为创伤性、转化性和治愈性三类。其中，创伤性主题主要有隐藏、吞噬、死亡、伤残、杀戮、限制等，在治疗初期最为常见。治愈性主题主要有旅行、养育、中心化、精神象征、诞生、婚礼等，在治疗后期最为常见。

第三节　心理格板

一、心理格板简介

（一）心理格板的含义

心理格板，又叫家庭格板、心理格盘或家庭格盘。在“第六期中德高级系统家庭治疗连续培训项目”中，于 2014 年引入国内。它是直观活现家庭或其他小群体格局的投射工具。

心理格板由格板和木偶人两个部分组成。

格板由一块正方形的双拼木板组成，代表来访学生在社会上的一个系统，包括其家庭或生活的小群体；木偶人有 30 余个，大小不一、形状各异，10 余种颜色，皆具有不同的寓意。

（二）心理格板的优点

（1）操作简单，投射直观。心理格板能分离人与症状，直观地呈现症状，并与症状对话，让有症状的人的内在力量逐渐增强。其操作简单易行，一般学过心理辅导和精神分析理论的人都可以轻松掌握和使用。

（2）将心理问题外化，促进来访学生的反思与改变。心理格板能呈现系统及关系模式，反馈语言无法表达的部分，推演各种假设，也是一个很好地察觉自己的潜意识、将心理问题外化的工具。

（3）物美价廉，携带方便。与价格上万的沙盘相比，心理格板只需几百元，其全部物件都可以装在一个袋子里，非常便于携带。

（4）应用广泛。心理格板可以广泛用于亲子关系、个体辅导、自我探索、团体辅导等。

二、心理格板的使用方法

（一）心理格板的使用步骤

1. 介绍心理格板

辅导教师向来访学生简单介绍心理格板，让其了解心理格板是可以呈现家庭关系的一种工具，可以尝试着来摆一摆，从而让来访学生对摆放格板产生兴趣。

指导语通常为：“这个格板代表你的一个小社会，包括你的家庭结构或朋友圈子等，请先把自己摆到格板上，再将你认为重要的人摆上去，你想怎么摆就怎么摆。注意木偶人的大小、形状、颜色、远近、五官的朝向都具有不同的寓意。请不要把木偶人摆到格板之外。”

2. 摆放

来访学生根据自己的意愿，自行选取喜欢的木偶人进行摆放。

3. 记录和拍照

在家庭格板摆放的过程当中，辅导教师需要关注并记录来访学生人物摆放的顺序、距离的远近。

4. 解读

在整个家庭格板的格局摆好之后，来访学生按照摆放的顺序介绍一下自己的格板摆放，摆放的是哪一个人，为什么是这样一个顺序，其颜色、朝向、距离等自己是否感觉舒服和合适。

5. 感受

让来访学生看一下对格板摆放的整体的感觉，体验一下在当前的状态下，自己是什么感觉。

6. 调整

如果来访学生对自己摆放的格局感到不舒服或不合适，可以做一些调整或移动。

7. 拍照

在来访学生第一次摆放结束和调整后，分别对格板进行拍照留存。

（二）注意事项

1. 解释

和绘画测验、沙盘游戏一样，心理格板在使用过程中同样遵循着不设限、不赋义的原则，让来访学生自己叙述自己的故事，解释自己的摆放，对自己的内心进行自由的探索。

2. 家庭

若家人在场，可以让家人分别摆出他们心中的关系。但在摆放时最好彼此回避，以免相互暗示和影响。每人的摆放位置和说明要做好拍照和记录。如果家庭成员摆放的格板彼此之间的关系差异较大，则能给成员带来更多的震撼，促进家庭成员关系的转化。

3. 讨论

以下问题可作参考。

（1）摆完以后，有什么感受？

（2）木偶人的大小、形状、颜色、距离的远近各有什么含义？

（3）为什么家庭是这个样子？

（4）从不同角度看，有无新的发现？

（5）自己在家庭中是否舒服？是否期望有什么改变与调整？

（6）若把自己放在其他人的位置上会有什么感觉？有无新的体会？把其他的人做一下移动，感觉有什么不同？

（7）若是旁观者，会选择什么位置？为什么？发现了什么？

（8）烦恼、强迫、抑郁等症状会选择什么木偶人？意义是什么？会放在什么位置？

（9）对家庭的影响和意义是什么？

（10）什么情况下症状会减轻、消失？那时你的生活会是什么样子？那时家庭会是什么结构？感受如何？

第四节　三种心理辅导技术的比较

一、三种心理辅导技术的异同

本章所介绍的绘画测验、沙盘游戏和心理格板三种辅导技术的异同如表 3-1 所示。

表 3-1　三种心理辅导技术的异同

		绘画测验	沙盘游戏	心理格板
相同	理论基础	精神分析心理学		
	优点	操作简单、投射直观、问题外化		
	应用范围	自我探索、个体辅导、团体辅导		
	分析原则	系统分析、以来访者为中心、积极取向		
不同	侧重点	个体人格	自我探索 人际关系	家庭关系 人际关系
	工具	纸笔即可	特定沙箱和沙具	特定格板
	便携性	方便携带	不便携带	方便携带
	自由与限制	在纸上自由创作	在沙箱内任选沙具自由创作	30 余种木偶人在格板上自由摆放

二、三种心理辅导技术的心理分析

（一）心理分析的理论基础

对本章介绍的三种心理辅导技术进行心理分析时，其理论基础均是荣格在弗洛伊德（S. Freud）古典精神分析基础上发展创立的分析心理学。

1. 无意识理论

荣格把人格的总体称为心灵，认为心灵既是一个复杂多变的有机整体，又是一个层次分明、相互作用的人格结构。它由三个层次组成：自我意识、个体无意识、集体无意识。

自我意识是人的心灵中唯一能够被个体直接感知到的部分。荣格认为人的意识发展过程就是人的“个性化”过程，它在人的心理发展中起着相当重要的作用。

荣格认为对人格及其发展影响最大的还是无意识，它包括个体无意识和集体无意识。个体无意识是无意识的表层，它包含了一切被遗忘了的记忆、知觉以及被压抑的经验。因为它是发生在个体身上的、与个体的经验相联系的心理内容，所以被称为个体无意识。集体无意识的主要内容是原型，它是一种本原的模型，其他各种存在都根据这种原型而成形。它深深地埋在心灵之中，因此当它们不能在意识中表现出来时，就会在梦、幻想、幻觉和神经症中以原型和象征的形式表现出来。

在以上三种心理辅导技术中，绘画、沙盘和格板都是沟通意识和无意识的桥梁、媒介、工具。借助于作品，来访者的无意识原型意识化，实现了个体与其心灵的“对话”。

2. 心理能量

荣格用心理能量来代替弗洛伊德提出的力比多，把心理能量作为人类全部心理活动的推动力。他认为，能量可以成为现象世界中各种变化的基础，心理能量不是客观地存在于现象本身的一个概念，而是完全存在于特定的经验基础之上。心理能量的一个重要原则就是心理能量不能压抑，只能转化。心理能量的流动也遵循着从高到低，使心理结构趋于平衡的规律。当人出现心理冲突时，原先的暂时平衡就会被打破，心理能量就要寻求解决冲突，以建立新的平衡。

3. 投射理论

投射包含着丰富的心理分析思想。荣格将投射定义为把一种存在于自身的品质或态度无意识地归咎于另一个人，或以另一种形式表现出来。

荣格非常强调投射是自发和无意识的。他指出，人们说“人制造投射”并不准确。人并不制造投射，而是去发现早已存在于无意识之中的投射。每一种投射都有一种暴露于外在，即趋向于被投射的品质或暗示这一品质的行为倾向。不管投射在无意识中隐藏得多深，它都可以通过人的情绪、梦或其他行为表现反映出来。

荣格将投射与人格整合观联系起来，认为在临床心理中，要实现治愈的目标，重要的一点是要把被投射的人格部分重新整合起来或加以同化。

（二）心理分析的三角理论模型

李洪伟和吴迪（2009）认为，绘画心理分析理论的核心是图像、语言、情绪的三角模型。实际上，本章所介绍的几种测验技术，在进行心理分析时，都可以建构起作品、语言、情绪的三角模型。如图 3－2 所示。

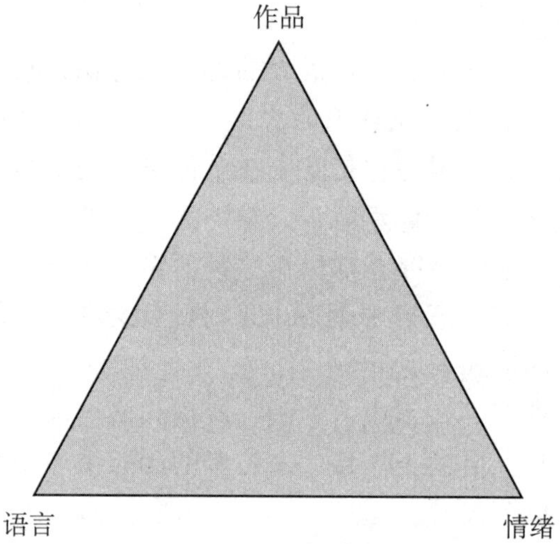

图 3－2　心理分析的三角理论模型

作品是潜意识中情绪的表达。当作品转化为语言时，情绪也表达出来了。情绪可以转化为作品，即潜意识中的情绪有了宣泄、物化的途径。

作品、语言、情绪三者之间的相互作用使心理辅导有了可依据、可操作的手段。如果来访学生画了一把雨伞，这把雨伞的背后一定有一段记忆，而每段记忆都有相伴随的情绪、情感体验。因此，绘画分析实质上是对情绪的分析，或者说是对自身情绪、情感的分析。同样的道理，如果来访学生创作出一幅沙游作品，或摆出心理格板的布局，那么这幅沙游作品（格板布局）也一定伴随有相应的情绪体验。当辅导教师与来访学生把作品作为交流的中介时，可以减少来访学生的阻抗，有效增进咨访关系，提高辅导效果。

传统谈话法辅导的模型为“来访学生—辅导教师”，而本章所介绍的几种辅导技术的分析模式为“来访学生—作品—辅导教师”。具体来说，绘画分析的模式为“来访学生—图画—辅导教师”，沙游分析的模式为“来访学生—沙游作品—辅导教师”，心理格板的分析模式为“来访学生—格板—辅导教师”。

这样，辅导就由原来的双边关系变成三边关系，增加了辅导的趣味性、创造性和互动性。

（三）心理分析的基本原则

以上三种心理辅导技术，都要遵循以下基本原则。

1. 系统分析

所谓系统分析，就是辅导教师在分析作品时，不能仅仅依靠颜色理论或象征理论进行分析，而是需要结合来访学生对作品的描述、所产生的情感进行综合考虑，然后进行分析。

2. 学生中心

所谓学生中心，就是辅导教师在分析作品时，应该与来访学生一起探索，共同发现作品的意义，而不是铁口直断，以分析者的判断为标准。如果辅导老师不考虑来访学生的反馈和感受，就片面断言来访学生的心理，甚至提出各种建议，就是所谓的"野蛮分析"。野蛮分析是辅导教师以自我为中心，显示自己的能力或知识的渊博，而非以来访学生的利益为出发点。

3. 积极取向

所谓积极取向，一方面指辅导教师在分析作品时，应该尽可能让来访学生从作品中看到内心积极的资源以及面对危机的力量，而不能一味地指出潜在的问题或夸大问题的严重性。当然，这些积极的能量是来访学生本身所具有的，而非辅导教师简单的安慰带来的。

另一方面指辅导教师在向来访学生传达分析结论时，要把消极的语言转化为积极的语言，给予来访学生接纳和鼓励，以及无条件的关心。例如在绘画测验中，学生把房屋门窗紧闭，辅导教师不要解释为"你自我比较保守，不愿与外界沟通，比较封闭"，而要把此类负面的言语转换为"你平时可能会觉得有很多人不理解你，可能会觉得有很多话说不出，感觉没有倾诉的对象"。

4. 点到为止

心理分析要把握好火候，既让来访学生对目前自己的状态有所觉察，又不能让其有受伤的感觉；要既不伤人，又能点悟人生。

三、颜色象征

色彩心理学表明，不同的色彩可以引发人不同的情绪和情感。在绘画测验和心理格板中，不同的颜色代表不同的含义，其大概象征意义如下所示。

（1）白色：纯洁、完美、朴素、神圣、明快、敬畏、简朴、安静。

（2）红色：兴奋、温暖、欲望、速度、力量、热爱、攻击、脾气暴躁。

（3）绿色：新鲜、平静、和平、柔和、安逸、青春、希望。

（4）蓝色：深远、永恒、沉静、理智、诚实、寒冷。

（5）黄色：快乐、希望、智慧、轻快、警戒。

（6）橙色：光明、华丽、兴奋、甜蜜、快乐、希望、温暖。

（7）灰色：忧郁、消极、温和、谦虚、平凡、沉默、中庸、寂寞。

（8）紫色：优雅、高贵、魅力、自傲、不安、忧伤。

（9）棕色：包容、平和、随意、稳定、中立、保护、信赖、难过、沮丧、压抑。

（10）黑色：安静、严肃、刚健、神秘、高雅、寂静、悲哀、罪恶、绝望、灭亡、疏远。

拓展阅读

1. 张同延，张涵诗．揭开你人格的秘密：房、树、人绘图心理测验．北京：中国文联出版社，2007.

本书是作者作为心理医生，经过多年的心理咨询实践，通过分析心理咨询者所绘房、树、人，找到其人格缺陷，并逐渐完善其人格的一本有关心理测压与解压的科学著作。该书语言通俗，图形易懂，读者完全可以通过自测，分析、完善自己的人格，从而缓解心理与工作压力，积极健康地生活。全书共分四篇，分别介绍了画房子测验、画树测验、画人测验和综合性“房树人测验”。

2. 李洪伟，吴迪．心理画：绘画心理分析图典（修订扩展版）．北京：人民邮电出版社，2016.

本书是中国绘画心理分析技术的先行者李洪伟和吴迪，结合近二十年的房树人测验实践经验，对数量繁多、各式各样的心理画案例进行的全面、深度的解读，是国内第一部图典形式的心理画著作。新版不仅增加了“正向积极”部分，还开创了色彩分析技术，极大地拓展了传统线条心理画的内容。本书图例皆来自国内真实案例，释义符合中国人的心理特点，加上图文对照、彩色印刷的形式，非常方便读者查找，实用性极强。

3. 张日昇．箱庭疗法．北京：人民教育出版社，2006.

本书是张日昇教授多年来运用沙盘游戏的经验总结。与欧美的方法相比，本书的沙盘游戏中有更多中国文化的因素。全书分三编：第一编“箱庭疗法的基本原理”，详细阐述了沙盘游戏的名称、发展历史、实施步骤、理论渊源等基本问题；第二编“箱庭疗法的基础研究”，总结了以幼儿、小学生、初中生、高中生、大学生等为被试所进行的沙盘游戏基本特征研究的成果；第三编“箱庭疗法的个案研究”，描述并分析了对重度语言障碍儿童、更年期主妇、重度考试焦虑学生、自闭症男孩等实施沙盘游戏的过程。

4. 高岚，申荷永．沙盘游戏疗法．北京：中国人民大学出版社，2011.

本书整体介绍了沙盘游戏治疗方法的形成、理论基础、原则、基本设置、过程与分析、实践与体验，主要凸显沙盘游戏治疗在中国的实践和发展。本书由高岚、申荷永夫妇共同撰写，也是第一部由中国荣格心理分析家和沙盘游戏治疗师撰写的关于沙盘游戏治疗的著作。全书共分七章，包括理解沙盘游戏疗法，沙盘游戏疗法的形成、理论基础、原则，沙盘游戏的基本设置、过程与分析，以及沙盘游戏治疗的实践与体验。

反思助学

1. 什么是绘画测验？
2. 绘画测验分析的基本原则是什么？
3. 什么是沙盘游戏？
4. 沙盘游戏师的基本态度有哪些？
5. 个体沙盘游戏如何制作？
6. 试述团体沙盘游戏的制作步骤。
7. 如何分析沙游作品的表现？
8. 试述心理格板的使用方法。
9. 如何理解三种心理辅导技术心理分析的基本原则？

第四章

自我意识辅导

内容概要

自我意识是个人意识发展的高级阶段，在中学时期，自我意识的发展具有非常重要的意义。本章从基本理论和实践活动两部分对自我意识进行介绍。在基本理论部分，主要介绍自我意识的含义、结构、内容、发展阶段、发展特点和辅导重点。在实践活动部分，分别介绍探索自我意识的一个心理课例和一个团体心理辅导方案。

知识概图

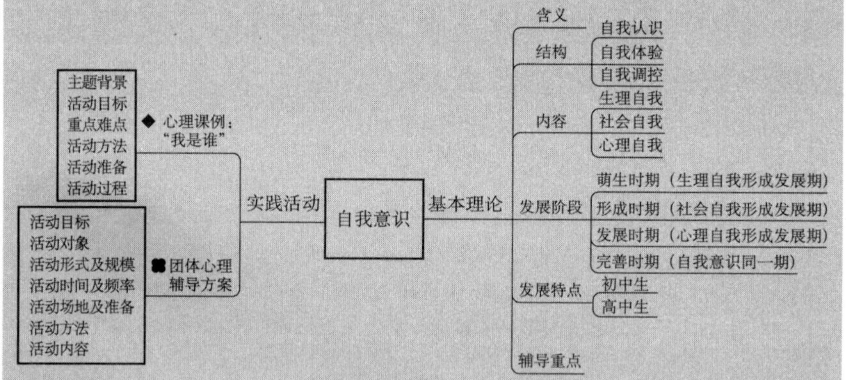

第一节　自我意识辅导的基本理论

一、自我意识的含义

自法国哲学家笛卡尔（Descartes）提出“自我意识”这一概念以来，自我意识问题便引起很多心理学家的探讨。关于自我的研究最早始于美国心理学家威廉·詹姆斯（William James），他把“我”划分为主体的我和客体的我，而自我意识即主体的我对客体的我的意识。

但到目前为止，国内外学术界的研究者对于自我意识的定义还没有达成共识，在众多定义中有两种观点比较有影响力：一种观点认为自我意识是人对自己以及自己与周围世界关系的认识，它是一个多维度、多层次的心理体系；另一种观点认为自我意识是指个体自己所意识到的自己的各种身心状况，包括全部心理活动的过程和内容，它是一个人对自己以及自己与客观世界的关系的一种意识（朱源，1987）。

这两种解释虽然从不同角度阐释了自我意识的概念，但都认为自我意识是一个人对自己的认识以及对自己和周围关系的认识，它包括认识、情感、意志三种形式。自我意识的一个作用就是帮助个体解决适应问题，特别是社会适应问题，能够很好地预测个体的社会适应行为，促进个体生存和发展（Pervin & John，2003）。

二、自我意识的结构

自我意识是一个多维度、多层次的系统，包含一个人对自身及其所处的环境等各个方面的意识，人能够通过这种认识的结果，指导自身进行各种社会活动，并通过这种活动不断地完善自身人格及自我意识等。

按照不同的分类标准和认识角度，对自我的结构有不同的划分。

根据他人是否意识到，可以分为主体自我和客体自我。主体自我是一种主观的自我，是自我内在的、主观的方面，只有个体自己知道。客体自我是一种客观的自我，是自我中他人能够看到或想到的方面。

根据时间来划分，可分为过去的我、现在的我和理想的我。过去的我是对以前的自己的觉知和评价。现在的我是个体从现实出发，对现实中我的认识。理想的我是个体从自己的立场出发，认为自己将来应当成为的那种人。

从成分上或从形式上来看，自我意识分为自我认识、自我体验和自我调控。自我意识是个体隐藏在内心深处的心理结构，是个体意识发展的高级阶段。它是人对客观世界的意识，是由知、情、意三方面的统一所构成的一种高级反映形式。“知”，指自我认识，指个体对生理自我（如身高、体重）、心理自我（如思维活动、个性特征）和社会自我（如人际关系）的认识，它包括自我感觉、自我观察、自我观念、自我分析和自我评价等层次。“情”，指自我体验，在自我认识的基础上产生，反映个体对自己所持的态度，它包括自我感受、自尊、自爱、自信、自卑、内疚、自豪感、成就感、自我效能感等层次。“意”，指自我调控，指个体对自己行为与心理活动的自我作用过程，它包括自主、自立、自律、自我监督、自我控制和自我教育等层次。

三、自我意识的内容

美国心理学家奥尔波特（G. W. Allport）把自我意识分为生理自我、社会自我和心理自我。

（一）生理自我

生理自我是自我意识中最早发展的部分，它是指一个人对自己身体状况的认识，对自己的身体、穿着、所有物等生理物质的意识，例如对自己身高、体重、容貌的认识；在情感体验上，表现出自豪或自卑的情绪；在意向上，个体主要追求其外表、物质欲望的满足，获得家庭成员的关心与爱护等。

（二）社会自我

社会自我是在生理自我的基础上发展起来的，它是指个体对自己与周围环境的认识。主要表现为对自己的名誉、地位，社会中他人对自己的态度等方面的意识；在情感体验上，表现出自豪或自卑的情绪；在意向上，个体主要追求他人的注意与重视。

（三）心理自我

心理自我是指个体对自己的心理活动、个性特征等的认识，例如对自己智力、性格的认识。主要表现为对自己智慧、才干、道德水平等方面心理特点的意识；在情感体验上，表现为自豪自尊或自卑自贱；在意向上，表现为追求政治上的、事业上、道德上的上进和发挥自己的才智。

这三部分不是绝对独立的，它们彼此联系，相互影响。

超级链接

乔哈里视窗

乔哈里视窗（Johari Window）模式，最初是由乔瑟夫·勒夫（Joseph Luft）和哈里·英格拉姆（Harry Ingram）在20世纪50年代提出的，故以他俩的名字合并为这个概念的名称，当时他们正从事组织动力学的研究。“视窗”是指一个人的心就像一扇窗，普通的窗户分成四个部分，人的内在也可以分成四个部分：开放我、盲目我、隐藏我、未知我。

	我知	我不知
别人知	公开区（开放我）	盲区（盲目我）
别人不知	隐藏区（隐藏我）	封闭区（未知我）

开放我：左上角那一扇窗称为“开放我”，也称“公众我”，属于自由活动领域。这是自己清楚别人也知道的部分，所谓“当局者清，旁观者也清”。比如，我们的性别、外貌、婚否、职业、居在地、成就等。“开放我”的大小取决于自我心灵开放的程度、个性张扬的力度、人际交往的广度、他人的关注度、开放信息的利害关系等。“开放我”是自我最基本的信息，也是了解自我、评价自我的基本依据。

盲目我：右上角那一扇窗称为“盲目我”，也称“背脊我”，属于盲目领域。这是自己不知道而别人却知道的部分，所谓“当局者迷旁观者清”。可以是一些很突出的心理特征，比如有人轻易承诺转眼间却忘得干干净净；也可以是不经意的一些小动作或行为习惯，比如一个得意的或者不耐烦的神态和情绪流露，本人不觉察，除非别人告诉你。“盲目我”的大小与自我观察、自我反省的能力有关，通常内省特质比较强的人，盲点比较少、“盲目我”比较小。而熟悉并指出“盲目我”的他者，往往也是关爱你的人，欣赏你的人，信任你的人（虽然也可能是最爱挑剔你的人）。

隐藏我：左下角那一扇窗称为“隐藏我”，也称“隐私我”，属于逃避或隐藏领域。这是自己知道而别人不知道的部分，就是我们常说的隐私，不愿意或不能让别人知道的事实或心理。身份、缺点、往事、疾患、痛苦、窃喜、愧疚、尴尬、欲望、意念等，都可能成为“隐藏我”的内容。相比较而言，心理承受能力强的人、隐忍的人、自闭的人、自卑的人、胆怯的人、虚荣或虚伪的人，“隐藏我”会更多一些。适度的内敛和自我隐藏，给自我保留一个私密的心灵空间，避开外界的干扰，是正常的心理需要。但是“隐藏我”太多，“开放我”太少，与外界缺少真实有效的交流与融合，既压抑自我，又会令周围的人感到压抑，容易导致他人的误解和曲解。

未知我：右下角那一扇窗称为“未知我”，也称“潜在我”。这是自己和别人都不知道的部分，有待挖掘和发现。通常是指一些潜在能力或特性，比如一个人经过训练或学习后，可能获得的知识与技能，或者在特定的机会里展示出来的才干，也包含弗洛伊德提出的潜意识层面，仿佛隐藏在海面下的冰山部分，力量巨大却又容易被忽视。对“未知我”的探索和开发，能够更全面而深入地认识自我、激励自我、发展自我、超越自我。（石建军，2013）

四、自我意识的发展阶段

心理学研究表明，个体自我意识从发生、发展到相对稳定，要经过二十多年时间。纵观自我意识的形成过程，大致可以分成四个阶段。

（一）自我意识萌生时期（生理自我形成发展期）

初生的婴儿是没有自我意识的，不能意识到自己和外界事物的区别，甚至把母亲也当作他自己的一部分。婴儿经常吮吸自己的手指头，就像吮吸母亲的乳头一样津津有味，可见，婴儿还生活在主体和客体尚未分化的状态之中。

一般在8月龄左右，生理自我开始萌生，这是自我意识的最初形态。到1岁左右，儿童开始能把自己的动作和动作对象区别开来，初步意识到自己是动作的主体。当手里再拿着玩具的时候，他不再把玩具当作自己身体的一部分了。1岁以后，儿童逐步认识自己的身体，也开始意识到自己身体的感觉。不过，他只是把自己作为客体来认识，他从成人那里学会使用自己的名字，并且像称呼其他东西一样称呼自己。一般到2岁左右，儿童逐渐学会用代词“我”来代表自己。

3岁左右的儿童，自我意识有了新的发展，主要表现在以下几个方面：一是出现了羞愧感与疑虑感。当做错事时，会感到羞愧；当碰到矛盾时，会感到疑虑。二是出现了占有欲和嫉妒感。儿童看到自己喜欢的东西，就想独自占有，不愿意与他人共享；如果父母对其他儿童表现出关心和喜爱，他会产生强烈的嫉妒感。三是第一人称“我”的使用频率提高，许多事情都要求“我自己来”，开始有了自我独立的初步要求。这一时期儿童的自我意识已经有了一定的发展，但其行为仍然是以自我为中心的，即以自己的想法解释外部世界，并把自己的想法和情感投射到外界事物上去。

（二）自我意识形成时期（社会自我形成发展期）

3 岁到青春期这段时间，是儿童接受社会化影响最深的时期，也是学习角色的重要时期。儿童在家庭、幼儿园、学校中生活、游戏和学习，通过模仿、认同、练习等方式，逐步形成各种角色观念，如性别角色、家庭角色、伙伴角色、学生角色等。这一时期，也是获得社会自我的时期，他们开始能意识到自己在人际关系、社会关系中的作用和地位，能意识到自己所承担的社会义务和享有的社会权利等。

青春期以前，儿童的眼光是向外的，引起他们兴趣和注意的是外部世界，而对自己的内心世界却常常视而不见。他们虽然已经意识到自己是一个主体，可以充分认识到自己的行为，却不了解自己的下列状态：他们常常把自己的情绪视为某种客观上伴随行动而产生的东西，不懂得情绪是自己的主观感受；他们还不善于应用自己的眼光去认识世界，只是照搬成人的观点作为对外部世界的认识。

（三）自我意识发展时期（心理自我形成发展期）

从青春发育期到青春后期大约十年时间，是心理自我的发展时期，自我观念渐趋成熟。青少年在生理、认识和情绪等方面，都有很大变化，如性的成熟、逻辑思维和想象力的发展、感受性的敏感等，这些都是自我意识发展的基础。

这一时期，个人的自我意识具有以下特点：一是自我意识分裂为观察者的我（I）和被观察的我（me），因而个人就能从自己的观点出发，认识和评价自己的心理活动。二是个体能够透过自我去认识客观世界，即由自我的观点来认识事物而不是从他人的观点去评价事物。三是个体价值体系的发展和理想自我的活动，总是与自我观念的发展相联系。这时，青少年常常强调自己所具有的个性特征的重要性，以及自己追求的目标对于自己的重要性。

由于自我意识的发展，到了青春期，青少年要求独立、自主的意识强烈，越来越想摆脱成年人的影响和束缚。

（四）自我意识完善时期（自我意识同一期）

如果说青春期是自我意识迅速发展并趋向成熟的阶段，那么青春期之后个体的自我意识则处于完善和提高阶段。这一时期，主体我与客体我、理想我与现实我经过激烈的矛盾和斗争，重新实现统一。这种统一是在新的水平与方向上的协调一致，是使现实我努力符合理想我的要求。当然，矛盾斗争的结果有两种可能：积极的结果是形成新的真实的自我统一，使人增强自信，努力奋斗，有利于自身发展；消极的结果是形成歪曲的自我统一，或自卑，或自负，影响自身的成长和发展。

自我意识的形成和发展的过程，正是一个人人格成长的过程，忽视了任何阶段的健康成长，都会给人带来终生的遗憾。

五、自我意识的发展特点

中学阶段是青少年身体发生急剧变化、心理逐渐成熟的时期。这个时期是长身体、长知识、初步形成人生观和世界观的时期。进入青春期后，身体的迅速发育使中学生很快出现了成人的体貌特征，但这种生理变化过于突然，使身心的发展暂时处于一个相对不平衡的状态。这一时期中学生自我意识的发展既不同于小学儿童，又不同于成人。

（一）初中生自我意识的发展特点

1. 关注自我

初中生对自我的关注首先表现在对自己体态、容貌的关注。初中生非常在意自己的仪表，如高矮、胖瘦等。有的学生因担心过胖而不敢吃饭，有的学生因有了青春痘而产生烦恼、痛苦和焦虑的心理，甚至那些流行的发型、时尚的服装也成为他们追求的目标。

其次表现在对自己的内心世界也更加关注。随着年龄的增长，初中生的认识兴趣已从外部世界转向内心世界，他们心目中的“自我”更加清晰、更加丰富、更加稳定。例如在写日记时，小学生多是记述当天发生的具体事件以及对这些事情的表面认识，一般写得具体、坦率，即使被老师、父母看到也不介意。但是初中生多以细心的自我观察和深刻的自我体验为主要内容，多是由感而发，记述自己的心理活动。

2. 独立意识增强，成人感突出

生理的变化也促使初中生产生了成人感，他们认为自己已经成为大人，因而在行为活动、思维认识、社会交往等方面，经常表现出“成人”的样式，渴望参与成人的角色，渴望别人把他们看作大人，渴望得到尊重，要求独立。他们也希望能尽快进入成人世界，扮演一个全新的社会角色，获得一种全新的社会评价，重新体会人生的意义。

为了表现自己是强者，初中生有时容易出现一些冒险行为。他们渴望独立，摆脱依赖的要求非常强烈；他们听不进别人的批评和意见，认为别人总是用挑剔的态度对待自己；他们要求独立的做法常常与父母、老师心目中期待的依赖产生矛盾，从而形成强烈的逆反心理。此时，学生常常表现得易怒、固执、情感淡漠，甚至负气出走。

（二）高中生自我意识的发展特点

1. 自我意识开始分化

高中生比初中生更善于从旁观者的角度来观察自己，更善于内省，会思考自己和自己的问题。这种从"混沌自我"之中的苏醒，使高中生长久地沉浸在自己的内心世界中，对周围的事物不屑一顾。他们充满自我炫耀的冲动，喜欢标新立异，哗众取宠；不把权威、传统和社会规范放在眼里，唯我独尊，我行我素，总是强调自己、维护自己。这种表现常被人们误解为妄自尊大、自私自利。其实他们的内心深处是脆弱和不自信的，他们只是暂时的自我中心论者，绝不是道德意义上的自私自利者。

2. 自我评价逐渐成熟

到了高中阶段，学生的自我评价既摆脱了对成人的依赖，又逐渐克服了同龄伙伴的影响，表现出真正的个体特有的自我评价。

一般来说，高中阶段是自我评价发展相对稳定的时期。在高中生的自我评价中存在一种有利化倾向，即自我评价总是趋向于对自己有利，功劳归于自己，而失误则归于他人。此外，高中生的自我评价有时还会出现高估自我或低估自我的倾向。这使他们或者目中无人、眼高手低，感到不公、委屈，因而牢骚满腹；或者自卑和情绪低落。

3. 自尊心得到高度发展

自尊心是高中生自我意识中最敏感，最不容许别人亵渎、侵犯的部分。高中生十分渴望得到他人的肯定，对外界的评价特别敏感。高中生期望自己在集体中获得适当的地位，得到较好的评价和重视；他们最怕别人看低自己，最希望得到社会的承认和鼓励。当他们受到肯定和赞赏时，会产生强烈的满足感；当他们遭到否定和批评时，则容易产生强烈的挫败感。高中生日常生活中的许多矛盾、纠纷和攻击行为，往往是由自尊心受到威胁引起的。

表 4－1 是不同学段学生自我意识的发展特点。

表 4－1　不同学段学生自我意识的发展特点

小学生	初中生	高中生
1. 自我描述从外部特征到内在品质 2. 从顺从他人到独立评价 3. 自我体验日渐深刻	1. 关注自我 2. 独立意识增强，成人感突出	1. 自我意识开始分化 2. 自我评价逐渐成熟 3. 自尊心得到高度发展

六、自我意识辅导的重点内容

根据教育部《中小学心理健康教育指导纲要》（2012 年修订），在不同学段，学生自我意识辅导的内容各有侧重。如表 4-2 所示。

表 4-2　不同学段学生自我意识辅导的重点内容

学段	自我意识辅导的重点内容
小学中年级	帮助学生了解自我，认识自我
小学高年级	帮助学生正确认识自己的优缺点和兴趣爱好，在各种活动中悦纳自己
初中年级	帮助学生加强自我认识，客观地评价自己，认识青春期的生理特征和心理特征
高中年级	帮助学生确立正确的自我意识，树立人生理想和信念，形成正确的世界观、人生观和价值观

第二节　自我意识辅导的实践活动

◆ 心理课例："我是谁"

主题背景

高中生开始形成自己的价值观和人生观，按照埃里克森（E. H. Erikson）的心理社会发展理论，青少年时期最大的危机和挑战是自我认同与角色混乱。如果学生的理想、职业、价值观、人生观等保持一致，就能得到很好的发展，否则就会在成长的道路上自我迷失、停滞不前，陷入角色混乱状态。因此，通过活动引导学生进行自我反思，全面客观、一分为二地认识自己，增进学生的自我认同感，是很有意义的辅导活动。

活动目标

（1）帮助学生学会正确认识自己，发现自己的独特之处，认识到自己的重要性。

（2）通过体验，培养学生积极、客观、正确地对待自己和他人评价的心态。

（3）通过活动，让学生展示自己，促进彼此间的交流与理解。

重点难点

（1）重点：帮助学生学会正确认识自己。

（2）难点：培养学生积极、客观、正确地对待自己和他人评价的心态。

活动方法

绘画、游戏体验、讨论等。

活动准备

每人一张“这就是我——快乐转换单”，一张“酸酸甜甜就是我”表格。

活动过程

1. 热身活动：自画像——心目中的“我”（5分钟）

每人取一张白纸，给自己画像。可以是形象的肖像画，也可以是抽象的比喻画；可以是一色笔画成，也可以用多色笔。要画出自己的特点或寓意，也可以在画内外添加注解。

画完之后，学生分组交流自己的自画像。

教师过渡语：刚才大家展示的是“自我认识”。常言说：当局者迷，旁观者清。同学们心目中的你，是否与你的自我认识一致呢？接下来，让我们了解一下同学心目中的你。

2. 发展活动：“背后留言”（10分钟）

互相帮助，用别针把纸固定到后背上，空白面朝外。请学生在纸上互相留言。内容是对这位同学的认识，可以是优点、缺点或建议，也可以是自己最想对他说的一句话。

留言时间5分钟。留言结束后，请学生互相摘下留言纸，快速阅读并思考。参考问题：

（1）同学心目中的“我”和自己心目中的“我”一样吗？

（2）同学们因什么欣赏你？因什么不欣赏你？你对别人的看法认同吗？

（3）是否有一些评价让你感到新颖、好笑，而又确实符合自己？

（4）自己有没有哪些潜在的优势或特长，你可能从未注意到它们，而它们在别人眼中是那么明显？

（5）自我认识和同学眼中的“我”是否一样？自己在老师、家长的眼中是否一样呢？

（6）“我”究竟是一个怎样的人呢？应该怎样看待自我呢？

3. 主体活动：酸酸甜甜就是我（30分钟）

教师让所有学生围坐成一个圆圈，将表格（见表4-3）发给学生，让学生填写。

表 4－3　酸酸甜甜就是我

	满意	不满意	积极赋义
身体			
性格特征			
理想、信念、价值观			

第一轮：填写出自己身体上让自己满意和不满意的地方。教师引导学生练习使用灵活、幽默的思维方式，在缺点中发现相对好的一面，比如，一个人个子不高，我们可以认为浓缩的就是精华，然后填写“快乐转换单”。教师先将学生随机分组，两两一组，两个人一起练习，一个人说缺点，另一个人则用灵活和幽默的方式来反驳他。之后在全体学生面前将自己的缺点用幽默的方式说出来。

第二轮：填写出自己对自己性格特征上满意和不满意的方面。然后按照上一轮的程序进行“快乐转换”，进行积极赋义。例如：多疑——自我保护意识强；竞争意识不强——不争强好胜；鲁莽冲动——勇敢积极；畏首畏尾——小心谨慎。

每组一人做记录，将小组所做的所有积极赋义的例子进行团体分享，并讨论某些性格特征什么情况下具有积极作用，什么情况下具有消极作用，如何避免其消极作用。

教师总结：在生活中，大家可能看到了别人的优点，注意到了自己的缺点。但是，每一个人都应该有勇气这样说：“我很重要！”每个成长中的女孩都像一朵灿烂绽放的花，每个成长中的男孩都像一棵欣欣向荣的树，每个人都是一个“独特的我”，让我们认识一个真实的自我，在认识自我中悦纳自我、激励自我、发展自我，塑造出一个成熟的自我。让我们在认识和发展中，感受青春的喜悦，体验成长的烦恼，享受生命赋予的珍贵礼物。

温馨提示：本节课通过自画像、“背后留言”、“酸酸甜甜就是我”三个环节引导学生从不同角度认识自己、接纳自己。考虑到可操作性，第二个活动也可以直接让学生相互写纸条进行评价。本节课的重点放在第三个体验活动上。教师要基于积极青少年发展观，在活动中引导学生学会积极赋义，形成积极的心态，同时注意在活动过程中引导学生将自己的理想、职业、价值观、人生观等保持一致。

自我意识团体心理辅导方案

高中阶段是学生自我意识发展的第二个飞跃期，这一时期的学生开始更加关注内在自我的发展，他们对自我的变化和呈现的不同特点感到困惑、不接纳。埃里克森指出："在青少年时期，这个阶段的主要任务是建立一个新的自我同一感。这种统一性的感觉是一种不断增强的自信心，一种在过去的经历中形成的内在持续性和同一感（一个人心理上的自我）。"为了帮助学生形成对自我的正确认识、深入探索自我，特设计了此次自我意识团体心理辅导方案。

活动目标

（1）了解自我意识及自我评价对个人成长的重要性，确立正确的自我意识，形成正确的世界观、人生观和价值观。

（2）学会认识自我的途径与方法，客观地认识、评价自己的优缺点，能够妥善处理理想自我和现实自我的矛盾，提高有计划、有目的地塑造自我的能力。

（3）树立积极的自我概念，正确对待别人对自己的评价，敢于正视自己的弱点，悦纳自己的缺点与不足，不断实现自我完善。

活动对象

高中生。

活动形式及规模

活动分小组进行，一般分为3～4个小组，每个小组6～8人为宜。

活动时间及频率

每周1次，每次2课时，视为一单元，共10课时。

活动场地及准备

团体辅导活动室，准备内容具体见各活动。

活动方法

活动法、讨论法、情景表演法、表达性艺术等。

活动内容

第一单元　我是谁？——自我初探索

1. 创始阶段

（1）活动名称：大风吹。

（2）活动规则和程序。

全体学生围成圈坐下来，间隔尽量大一些。当说出关于在场的同学们的某些特征的口令时，有关同学就要离开自己的位置。①大风吹：大风吹到戴眼镜的同学身上，戴眼镜的同学就要离开原来的位置寻找一个新的位置坐下来。②小风吹：小风吹到不戴眼镜的同学身上，不戴眼镜的同学离开自己的位置，去寻找新的位置。③台风吹：全员离开自己的位置，去寻找新的位置。

（3）注意事项。

游戏中，座位数比学生数少一个，活动之中让学生注意安全。

换位置时不能持续两人互换或坐回原位。

2. 转换阶段

（1）活动名称：你我的约定——规划小组。

（2）活动规则和程序。

- 每组选举产生组长，建立组名、口号。
- 各小组长阐述组名，喊出口号，并展示组员对自我意识的理解。

（3）注意事项。

以后在单元活动中进行小组活动时以此次分组为主。

3. 工作阶段

活动一：我是谁

（1）活动规则和程序。

- 写出 20 句“我是一个____________________的人”。
- 将陈述的 20 项内容作下列归类：①生理我；②心理我；③社会我。
- 评估对自己的陈述是积极的还是消极的，并分别用正号（+）或负号（−）表示。
- 先组内交流，再在团体中分享。

（2）注意事项。

- 分类是为了让学生明晰自己对自己各方面的关注和了解程度，某一类项目少，说明学生对这方面关注和了解少或根本就没关注、不了解。
- 如果正号的数量少于负号的数量，表明自尊程度较低，这时需要引导学生内省寻找问题的根源。比如是否过低地评价了自己？是什么原因使自己成为这样？怎样改善？

活动二：个性发现

活动规则和程序：

● 给每人发放一张个性特征表（见表 4－4），把对小组内其他同学的认识写在白纸上，对每位同学可选择一种类型或选择多种（3～5 种）特征。

表 4－4　个性特征表

	乐天型	暴躁型	忧郁型	冷静型
优点	热切、诚恳、乐观、抱希望、富感情、有优越感、感性强	意志坚决、坚强、敢冒险、独立、思维清晰、敏锐	思想深远、透彻、能自制、信实、可靠、有天分、有才华、理想主义、完美主义、忠心	平静、稳定、随遇而安、温和、自足、实事求是、善分析、有效率
不足	冲动、浮躁、不坚定、意志弱、易怒、易懊悔	急躁、激烈、不太会同情人、易谋私利、骄傲自大、报复心重，不太会深思	抑郁、沉闷、忧愁、痛苦、多猜疑、情绪化、好自省、过分追求完美、易怒、悲观	冷淡、缺感情、迟钝、懒惰、无动于衷、自怨自艾、不易悔悟、自满
适合职业	职业讲师、商人、演员	将军、老板、政治家	艺术家、哲学家、教授	教师、科学家、作家

● 按顺序找出其中一人，请其他人说出对他的分析。然后由他本人发表对别人评价的感受及自我的分析。

● 小组学生依次进行。

4. 结束阶段

一句话感言：请用一句以“今天，我感受到了……”开头的话分享本单元活动的感受。

第二单元　多维的我——自我再探索

1. 创始阶段（15 分钟）

（1）活动名称：魔镜与主人。

（2）活动规则和程序。

● 全体学生围圈，按 1、2 进行分组，1 在外圈，2 在内圈。第一次先是内圈的人当主人，外圈的人当镜子。第二次反过来。

● 主人做出一个或几个动作。作为镜子的同学要观察主人的动作，用镜子的原理模仿主人的所有动作。镜子说出对主人这个动作的感受，主人说出做此动作的含义以及看到镜子模仿了自己的动作之后的感受。

● 交换角色再做一次。

● 思考并分享。

参考问题：①与现实中的照镜子比较，做主人时自由度怎样？某些动作或者表情会不会受某些因素影响而不敢大胆地表达出来？为什么？②自我评价与他人评价之间有什么差异？③别人看到的跟自己想表达的是否一致？

2. 工作阶段（90分钟）

活动一：三个“我”

（1）活动时间。

大约需要40分钟。

（2）活动规则和程序。

● 每人三张纸。首先在第一张纸上描述“理想的我”，时间约为10分钟。接着在第二张和第三张纸上分别具体描述“别人眼中的我”和“真正的我”，每一次时间都是10分钟。

● 将三张纸放置在桌上，看看三个“我”是否协调和谐。若不协调，请找出差异，分析原因，并认真思考如何可以使三个“我”更加协调一致，制定促进三个“我”协调统一的方案。

● 填写三个“我”汇总表（见表4-5）。

表4-5　三个“我”汇总表

三个“我”	开始时	调整后
理想的我		
别人眼中的我		
真正的我		

● 交流分享。请最有感受的学生在团体内交流自己的体会，大家分享。

（3）注意事项。

● 在分别描述三个“我”时，请将已经写好的纸搁置一旁，暂时不准再观看。

● 在检查三个“我”是否协调时，请学生留意另外一个重点：“理想的我”和“真正的我”是否协调一致？

● 当三个“我”不协调时，请反思：别人为何不了解我？我是否不能表里如一？

活动二：是谁塑造了我

（1）活动时间。

需要30～40分钟。

（2）活动规则和程序。

● 请在成长经历表（见表 4 - 6）中简单描述不同人物对自己的看法、评价，以及任何难忘的正面和负面的经历。

表 4 - 6　成长经历表

父亲	
母亲	
老师	
我	
重要他人	
难忘经历	
其他	

● 在填写过程中，请重点作如下自我探索：

第一，你对哪一个人对你的看法最为重视？原因是什么？

第二，最难填写的或资料最少的是哪一部分？原因是什么？

第三，假设你很努力地填写，却始终资料贫乏，你应当反省一下自己整体性人际关系到底如何。

第四，除非有充足的理由，当出现全栏空白的情况时，应做出探索。

● 团体分享与小结。

（3）注意事项。

● 各栏所填写的，若是出现矛盾，或倾向负面取向时，教师要引导学生努力面对自我。

● 这项练习有可能会引发学生一些长期压抑的感受，教师要注意观察学生的情绪变化，发现问题，及时运用心理辅导的理论与技术进行辅导。

3. 结束阶段（10 分钟）

一句话感言：请用一句以“今天，我感受到了……”开头的话分享本单元活动的感受。

第三单元　我就是我，颜色不一样的烟火

1. 创始阶段（20 分钟）

（1）活动名称：生命中的黑点。

（2）活动规则和程序。

● 教师呈现漫画绘本《你很特别》的 PPT，并将故事讲给大家听。

● 故事结束后，思考以下问题：①你是谁？胖哥、露西亚，还是被贴金星星的人？为什么？②你曾经像胖哥一样被人贴上灰点点吗？它对你造成了什么影响？它跟你当下的心境与困难有关系吗？③你希望拥有很多“金星星”还是像露西亚一样身上没有任何星星或点点？为什么？④如果你问伊莱“我如何做才能成为让自己更满意的自己”，伊莱会如何回答你？

● 小组讨论分享。

2. 转换阶段（25 分钟）

（1）活动名称：我就是一座宝藏。

（2）活动规则和程序。

● 请每位学生在纸上把句子“在自信心方面，我暂时无法做到……，但是……”填写好。

● 每个人以“我更喜欢我自己，是因为……”写句子，在规定的时间内写得越多越好。

● 思考并分享。

参考问题：①经过这个活动，你是否发现了一些以前没有发现的自己身上的优点？②你是否更懂得欣赏自己了，自信心比以前增强了？

（3）注意事项。

必须实事求是。每个人至少找到自己的五个珍宝。

3. 工作阶段（50 分钟）

（1）活动名称：遇见他/她。

（2）活动规则和程序。

● 填写人物卡 1（见图 4-1）。卡片上一个人物代表一个不同的自己。例如：当面临一项重要任务的时候，我遇到了一个敢于挑战的自己；当心情不好的时候，我

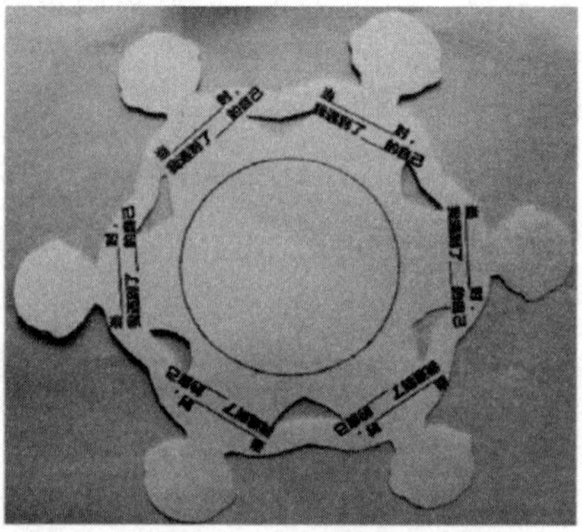

图 4-1　人物卡 1

会遇到一个安静的自己……

播放背景音乐———钢琴曲 *Kiss the Rain*，用心体验每个不同的自己，根据自身感受，为人物卡 1 上的每个人物涂上相应的色彩。

● 在人物卡 2（见图 4－2）上写下自己的名字，贴在胸前。

● 每个小组派一名同学 A 进行体验，邀请组内其他同学分别代表每一个不同的 A。例如：×××，请你代表“努力的 A”。×××，请你代表“谨慎的 A”。

请代表同学用心体验自身角色，认真投入，并思考自己的存在给同学 A 的成长带来了哪些力量。其他同学体验、感受并思考该如何面对这些不同的自己。

图 4－2　人物卡 2

● 请同学 A 用心来感受站在面前的每一个自己，根据感受，安排他们的位置，直到同学 A 觉得舒服为止。

请代表同学把名片摘下，褪去代表的角色，重新回来做自己。

● 小组讨论：通过刚才的活动，你有了怎样的收获？

（3）注意事项。

在安排位置的过程中，教师可以引导学生 A 思考：你为什么做这样的安排？请与负面的自己对话，看看他有什么想说的。对话完毕后，可以继续引导：A，你现在有什么新的感受？想不想对他们的位置做些调整？为什么？你现在可以对这些自己做一个表达，可以用语言，也可以用肢体语言，如握手、拥抱等。

4. 结束阶段（10 分钟）

一句话感言：请用一句以“今天，我感受到了……”开头的话分享本单元活动的感受。

第四单元　我的人生我做主

1. 创始阶段（20 分钟）

（1）活动名称：超级进化论。

（2）活动规则和程序。

● 进化方式：石头、剪刀、布，一局定胜负。

● 初始大家都是“鸡蛋”，与相同成长阶段的人猜拳，获胜的按照小鸡—凤凰—猩猩—人类的顺序进化。俩“鸡蛋”猜拳时，赢的人进化为“小鸡”，输的人仍为“鸡蛋”。

“鸡蛋”的造型：蹲下，双手抱头。

"小鸡"的造型：半蹲，两条胳膊为小鸡的翅膀不停地抖动。

"猩猩"的造型：微微屈膝，两手握拳，放于头上方。

"人类"的造型：直立行走。

● 如此重复，直到无法找到同类，游戏无法继续。

● 思考分享。

参考问题：①在自己一步一步成长的过程中，感受如何？②每一次的成长有让自己对未来增添一分自信吗？③当别人都向上一阶段成长，自己还在原地时，会自卑、焦虑吗？④第一个成人的同学作何感受？闯关成功是用什么方法？⑤最终还是"鸡蛋"的同学有何感受？马上要成人了，但又被打回"鸡蛋"原形的同学有何感受？⑥你在生活中会遇到棘手的问题吗？你是怎样面对的？这个活动给了你什么启示？

2. 工作阶段（80 分钟）

活动一：生命鱼骨图

（1）活动时间。

大约需要 50 分钟。

（2）活动规则和程序。

● 如果如图 4－3 所示的鱼骨线的长度是你一生的长短，请在鱼骨线上找到你当下的位置。

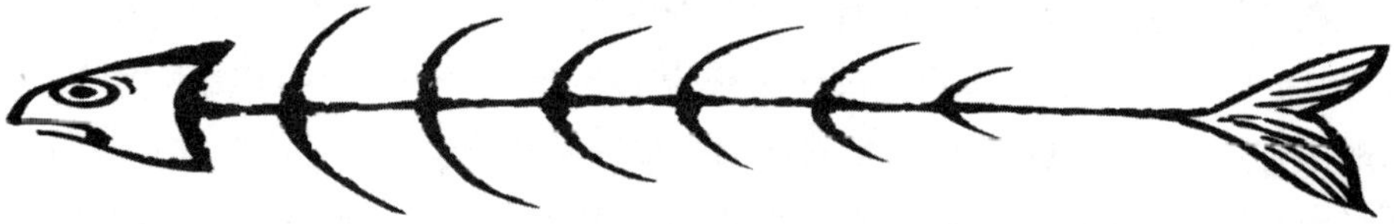

图 4－3　鱼骨线

请在适合的位置标出让你印象深刻的事件。如果事情是积极的、正向的，请将其标在鱼骨上方（背上的骄傲）；反之，标在鱼骨下方（肚皮上的刺）。

背上的骄傲

①这是一个什么故事？为什么它的名字叫作__________？

②为什么这件事情对你这么重要？故事里的你获得了什么？

③这个故事对于今天的你有什么意义？

肚皮上的刺

①这是一个什么故事？为什么它的名字叫作__________？

②为什么你觉得这件事情让你痛苦？故事里的你到底失去了什么？

③这个故事对于今天的你有什么意义？

● 组内交流分享自己所标画的内容，将你的故事讲给大家听。

● 深入思考以下问题：

①如果有一台摄像机，回到当年录下这个故事，看到故事里面的××，是什么力量推动你，让你走上幸福的顶峰？（是什么力量推动你，让你从深谷中走了出来？）

②这些痛苦和片段有什么关系？

③如果这是一部电影，在这么多快乐和痛苦的片段之后，你觉得它的结局是什么？

④这条鱼，背负这么多骄傲和痛苦，它到底要努力游向哪里？

⑤如果这条鱼有一个名字，它叫什么？

⑥从这个活动中你得到什么启示？

● 小组交流讨论，派代表分享。

活动二：我的成长罗盘

（1）活动时间。

大约需要 30 分钟。

（2）活动规则和程序。

● 想象大家围成一个“成长罗盘”（见图 4－4），面向圆心，站在罗盘最里面的那个圆环上。

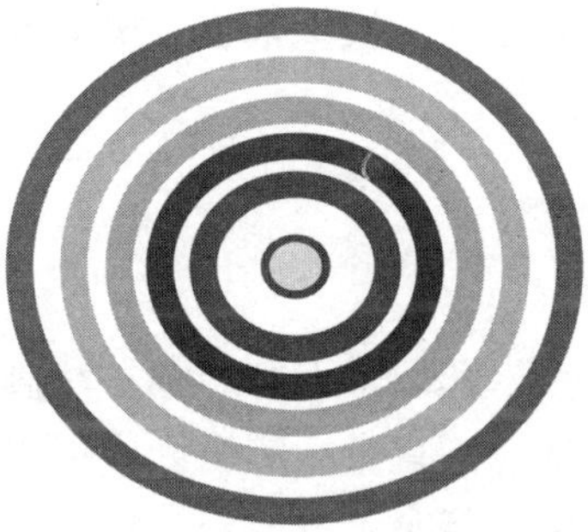

图 4－4　成长罗盘

听清老师的问题，如果答案为“是”，则想象自己站在原地，保持不动。每当答案为“否”时，就想象自己后退一步，退到自己所站位置外侧的一个圆环上。如此提问，直至所有问题结束。

● 请在成长罗盘上标出自己的位置。

● 思考并分享。

参考问题：①你现在在什么位置？后退了几个圆环？②自己的哪些经历或故事让你保持在原地不动？从中可以提炼出自己的哪些品质或能力？③自己的哪些经历或故事让你后退？从中可以总结出哪些不足或需要完善的地方？

④面对接下来的高中生活，你想在哪些方面做好自己，怎么做？

成长问题

①读中学以来，你是否自己做出过人生重要的选择？
②你是否走出过本地，看过更大的世界？
③你是否曾培养或坚持过自己的兴趣爱好？
④你是否懂得如何与他人合作？
⑤你是否能在与他人相处时保持自信？
⑥你是否曾经通过自己的努力去影响他人？
⑦你是否曾经鼓足勇气尝试更大的挑战？
⑧你是否受到多数同学的欢迎？
⑨你是否取得了让自己满意的成绩？

3. 结束阶段（20 分钟）

（1）活动名称：致亲爱的自己。

（2）活动规则和程序。

● 你爱自己吗？你如何证明这一点？请给自己写一封情书。

● 小组交流分享。

第五单元　展望未来，笑迎明天

1. 创始阶段（20 分钟）

（1）活动名称：自画像。

（2）活动规则和程序。

● 利用 8～10 分钟，每人在白纸上画一幅“自画像”。

● 小组内交流“自画像”的含义，同组同学可以提出问题。

● 教师发现典型的案例，与全班分享。

（3）注意事项。

● 教师可以暗示大家，自画像可以是形象的肖像画，也可以是抽象的比喻画；可以由一色笔画成，也可以由多色笔画成。

● 有的学生会因为自己的绘画技能差而感到为难，教师要提醒大家本游戏不是绘画比赛，只要求大家画的内容、形式等形象地反映对自我的认识。

● 在寻找典型案例时，教师可以关注自画像的大小、位置、色彩、内容等，还可以关注学生在画自画像和交流时的神情。

2. 转换阶段

（1）活动名称：心理日历。

（2）活动时间。

大约需要 30 分钟。

（3）活动规则和程序。

● 引导学生在放松中看到三张日历并体味当时的心情。第一张日历，上面的日期曾经发生过让你非常开心、非常幸福的事情。第二张日历，上面的日期曾经发生过让你非常痛苦、非常沮丧的事情。第三张日历，上面是一个未来的日期，一个对你来说很重要的日子。

● 教师提出问题。学生思考并分享。

参考问题：①你看到的三个日期分别是什么？在前两个日期里发生了什么事情？②前两个日期里发生的事情对你现在的生活有没有什么影响？③第三个日期会发生什么事情？你为迎接这个日期的到来做了什么准备？

3. 工作阶段

（1）活动名称：回顾与相赠。

（2）活动时间。

大约需要 40 分钟。

（3）活动规则和程序。

● 播放由前四个单元的学生照片做成的 PPT，进行回顾。

● 每个学生通过回顾前四个单元，写下自己最难忘的单元活动。选相同活动的学生聚在一起，共同分享对参与这个活动的感受。

● 团体围圈而坐，由一位学生当主角，大家讨论现在对他的印象与刚参加团体时的印象有何不同，看看他参加团体后改变了什么；然后请他自己说说感受。接着换另一位学生。依此类推，对每位学生进行反馈。

● 每人发一张纸，请学生在纸顶端写上“想送×××（自己姓名）的礼物”，然后向右传，每人都写下自己想赠予他人的礼物和建议（礼物可以是现实中的，也可以是虚拟的）。轮一圈，每位学生仔细阅读他人的祝福，一一表达感谢。

4. 结束阶段（20 分钟）

（1）活动名称：一句话承诺。

（2）活动规则和程序。

学生在小组中分享自己对未来的规划和对未来的一句话承诺。

小组分享结束后，全体起立围成一个大圈，每个人用一句话为自己的未来许下一个承诺。

拓展阅读

1. 布朗 J，布朗 M. 自我 . 2 版 . 北京：人民邮电出版社，2015.

这本书综合了哲学、社会学、心理学等方面关于自我的知识，既有哲理性思辨，又有实证性研究，论述生动，启发思考，可以帮助读者全面而深刻地理解人类的行为。全书共十章。第 2 版除了对原有译文精心修订，两位作者还特别增添了社会心理学近十年对自我最新的研究理论和结果。

2. 斯滕伯格 . 青春期：青少年的心理发展和健康成长 . 7 版 . 上海：上海社会科学院出版社，2007.

这本书是研究青少年的心理学名著。在美国有 47 个州、280 多所学校采用该书作为教材。全书共分三部分：青春期的基本变化、青春期的成长环境和青春期的心理社会发展。每一章都整合了理论和研究方法。该书强调研究的深度，关注一个重要事实，即青少年生活的环境影响了他们的行为和社会关系。最新的第 7 版增加了创新的教辅项目，不仅适合老师，也方便学生使用。

3. 李百珍，李焕稳，张彦彦 . 青少年心理健康教育应急必备丛书：自我意识的培养 . 北京：科学普及出版社，2013.

全书共分五部分：什么是自我意识；青少年自我意识的发展；影响青少年自我意识发展的因素；完善自我；心理测试。全书用生动流畅、通俗易懂的语言，联系青少年的生活、学习实际，介绍了心理学的相关知识，并引导他们用心理学的科学知识分析自己的心理现象，解决遇到的难题，使自己健康、快乐地成长。

反思助学

1. 什么是自我意识？
2. 如何理解自我意识是一个多维度、多层次的系统？
3. 自我意识的内容有哪些？
4. 试述自我意识的发展阶段和各自特征。
5. 初中生自我意识的发展特点有哪些？
6. 高中生自我意识的发展特点有哪些？
7. 在不同学段，学生自我意识辅导的重点内容各是什么？
8. 学完本章的心理课例，你有什么收获和感受？
9. 做完本章的团体辅导活动，你有什么收获和感受？

第五章

人际交往辅导

内容概要

人是社会性动物。作为一名社会人，任何个体都无法离开他人而独立生存。本章从基本理论和实践活动两个方面对人际交往进行介绍。在基本理论部分，主要介绍人际交往的含义、作用、特点，以及人际交往理论和辅导重点。在实践活动部分，分别介绍探索人际交往的一个心理课例和一个团体心理辅导方案。

知识概图

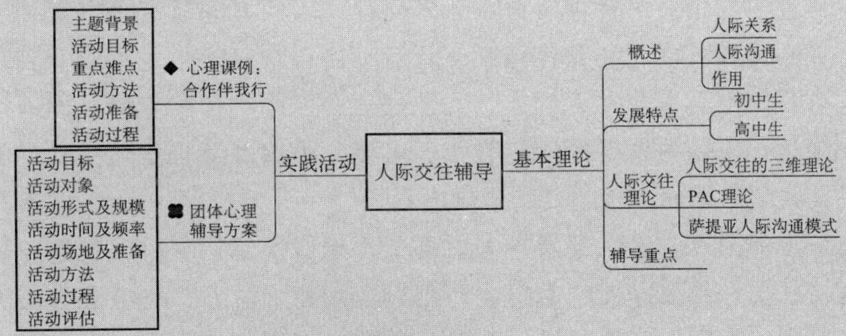

第一节　人际交往辅导的基本理论

一、人际交往概述

人际交往是人与人之间的交往。与之密切相关的就是人际关系和人际沟通。

（一）人际关系

人际关系是人与人之间由于交往而产生的一种心理关系，它主要表现人与人交际过程中在关系的深度、亲密性、融洽性和协调性等心理方面联系的程度。

1. 人际关系的特征

情感上的相互依存是任何人际关系的特征，对学生来说，人际关系的这一特征更为突出。学生的人际关系的情感成分，在程度上有许多级，每个学生在班级中大体都有自己满意、不满意和平淡相处的对象。其表现是，年龄越小，对外人的情感关系越易外显于形；随着年龄增长，性格内向与思想早熟的学生可能会把自己的情感隐藏甚至伪装起来。

2. 影响人际关系的主要因素

（1）距离因素。俗话说“远亲不如近邻”，又有诗云“近水楼台先得月”。时空的接近与交往频率有直接关系。多交往，人们之间就有更多互相了解的机会，在心理和情感上就更容易接近。但是在日常生活中也可以看到这样的现象，有时两个距离非常近的人，如左邻右舍、同宿舍的学生、同一个办公室的同事等，人际关系反而比较紧张。可见，距离因素只是建立良好的人际关系的因素之一，而不是主要的影响因素。

（2）相似因素。物以类聚，人以群分。相似性包括年龄、性别、社会地位、经济状况、受教育程度、职业、籍贯、兴趣、信念、价值观、态度等的相似，其中以态度、信念和价值观最为重要。态度相似的人，误会和冲突较少，容易沟通。

（3）互补因素。在日常生活中，我们经常可以看到这样的现象：脾气暴躁的人和温和而有耐心的人能友好相处，活泼健谈的人和沉默寡言的人能成为好朋友。克克霍夫（Kerckhoff）认为，对短期的伴侣来说，推动吸引的动力，主要是彼此相似的价值观念；而驱使长期伴侣发展更密切关系的动力，则主要是需求的互补。对现实生活的观察和研究表明，互补吸引大多发生在友谊深厚的朋友之间，特别是异性朋友和夫妻之间。

（4）才能因素。一般来说，人们总喜欢与聪明能干、有才华、有学识的人交往。社会心理学家阿伦森（E. Aronson）做过这样一个实验：让被试者聆听四种不同的录音，其中两个录音所显示的候选人显得十分聪明，学业与课外活动也很好；另外两个录音的候选人显得天资中等，学业也是中等。录音中有一位聪明者和一位中等资质者因不慎打翻了咖啡，溅得满身；其他两位没有发生意外。听完四种录音后，要求被试者指出他们对不同候选人的喜爱程度。结果发现，那位聪明但打翻了咖啡的候选人最受喜爱，而中等资质也打翻了咖啡的人最不受喜爱。

（5）仪表因素。爱美之心，人皆有之。从心理学的角度看，外貌美容易使人产生晕轮效应，使人形成以点带面、以偏概全的不正确认知。比如某人长得漂亮，容易使人以为他还具有其他一系列优点和美德，如心地善良、品德高尚、性格良好等。事实上，相貌美与心灵美并不存在必然的联系。当然，时间久了，外貌吸引也会降低。随着彼此交往的深入，吸引力就从外在仪表美逐渐转向人的内在心灵美了，最终还是内在美起决定性作用。

（6）个性因素。人际吸引的根本奥秘在于人格魅力。一个具有优良个性品质的人，必然容易与人接近。比如我们都愿意和真诚的人交朋友，而不愿与虚伪的人交往。事实表明，人格力量在人际交往中的重要性越来越被重视，成为人际吸引的重要原因，是人们建立良好人际关系的一个非常重要的因素。

（二）人际沟通

人际沟通是人与人之间相互联系的过程，即人与人之间传递信息、沟通思想和交流情感的过程。

1. 人际沟通的类型

按照不同的分类标准，人际沟通可以分为不同的类型。按沟通符号可以分为语言沟通和非语言沟通；按沟通渠道可以分为正式沟通和非正式沟通；按沟通流向可以分为纵向沟通和横向沟通；按沟通方向可以分为单向沟通和双向沟通；按沟通目的可以分为征询、告知和说服；按沟通意识可以分为有意沟通和无意沟通。表 5－1 显示了单向沟通和双向沟通的区别。

表 5－1　单向沟通和双向沟通的对比

	单向沟通	双向沟通
沟通速度	快	较慢
准确性	差	好
接收者判断	信心不足	有信心
发送者压力	压力小	压力大
干扰	不易干扰	易干扰，缺乏条理

2. 常见的沟通障碍

有研究者提出了12种具体的沟通障碍（马修·麦凯，玛莎·戴维斯，帕特里克·范宁，2005）：

（1）对比。听者总是在评价谁更机敏、更聪明或者更能干。

（2）猜测。听者惯于猜测别人的心思，往往不相信别人的话。

（3）演练。别人说话时听者却在构思自己的意见。

（4）过滤。听者只听到某些信息，对其他信息充耳不闻。

（5）先入为主。在倾听具体内容前就做出自己的判断了。

（6）心不在焉。对方的话题触动听者一连串的联想，听者没有专心听对方说话。

（7）自居。把别人说的一切都抓住不放，并拿来和自己的经验相对照。

（8）好为人师。听者随时准备提供帮助和建议，还没有听对方讲多少，就开始搜索建议。

（9）争辩。当讲话者观点与自己不一致时，易激动，好争辩。

（10）刚愎自用。听者想尽办法歪曲事实，百般辩解，责难他人，翻旧账，固执己见。

（11）转移话题。在谈话过程中，突然转移话题。

（12）息事宁人。想讨人喜欢，什么都说好，似听非听，没有真正投入其中。

（三）人际交往的作用

1. 满足人的基本心理需求

亚里士多德曾经说过，能独自生活的人，他不是野兽，就是神。研究表明，人都有强烈的交往需求，都畏惧孤独，害怕离群独居。人际交往是人们最基本的心理需求。美国心理学家沙赫特（S. Schachter）曾做过这样一个实验：他以每小时15美元的酬金聘请人到一个与世隔绝、无人相处的小房间去住。在5名应聘者中，坚持时间最短的一个人只待了2小时就出来了；坚持时间最长的一个人在里面住了8天，出来时说如果让他再多待一分钟，他就要发疯了。

2. 有利于个体的社会化

个体社会化是指人不断学习和掌握充当社会角色的知识、技能及特定的社会规范、准则，以获得社会有效成员资格的过程。个体社会化程度的高低是衡量其成熟程度与能力强弱的尺度之一。一般来说，人们在社会交往过程中，不是被动地接受生活规范，而是积极主动地在与人、与社会交往中习得社会规范、适应社会生活。有研究表明，人际交往范围越广，获得的社会规范越多；反之，人际交往范围越小，获得的社会规范越少。显然，不善交往的人，把自己封闭起来不与人交往的人，是难以完成个体社会化过程的。

3. 帮助个体获得信息

《学记》有云："独学而无友，则孤陋而寡闻。"萧伯纳（G. Bernard Shaw）也说过，你有一个苹果，我有一个苹果，彼此交换，每人只有一个苹果；你有一种思想，我有一种思想，彼此交换，每人会有两种思想。虽然在现代社会中，随着互联网的发展和普及，人们足不出户便可知晓天下事，但在和他人交往的过程中，亦可以让自己获得独自一人难以知晓的信息。

4. 影响个体的身心健康

人际关系不良会阻碍人的基本需求的满足，使人产生挫折感，加剧内心的矛盾冲突，引发不良的情绪反应，进而干扰正常的心理活动和生理活动，严重者会导致心理疾病和生理疾病，如溃疡、失眠、抑郁、焦虑等都与人际关系有关。

5. 影响个体事业的成功

美国成功学者卡耐基（D. Carnegie）在研究人的事业成功因素时，提出这样一个观点：在现代社会中，一个人的成功仅有15%是依赖自身素质，而85%取决于人际交往。哈佛大学教育学院心理学家霍华德·加德纳（Howard Gardner）在《心智的结构》一书中提出了7种多元智能，而人际交往技能就是其中十分重要的一种，它包括领导能力、发展人际关系及维持友情的能力、化解冲突的能力、分析社会关系的能力等。良好的人际关系能帮助个体完善品格，开阔思维和眼界，提供信息交流机会，获得事业上的合作支持与帮助，促进个体在事业上不断进取，获得成功。

二、人际交往的发展特点

（一）初中生人际交往的特点

1. 同伴地位迅速上升

中学阶段是从童年向成人过渡的阶段，中学生的人际交往也具有过渡的特征（游火星，2011）。有研究者对500名犯罪青年和500名一般青年做过调查，发现二者结交朋友最多的时段都是中学时期。陈仙梅的研究发现，在初中生的课余时间的交往选择、遇到烦恼或喜悦向谁倾诉等方面，朋友所起的作用比小学时更大。日本的一项对小学四年级和初中一年级学生的对比研究发现，小学四年级的学生都是以父母尤其是同性家长为日常生活中的第一参照对象，而初中一年级的学生，无论男生还是女生，都把朋友放在第一位。

进入初中阶段之后，初中生逐渐疏远成人，而热衷于与同伴交往，他们开始根据自己的喜好和特征选择同伴群体，或者形成同伴群体。与儿童期相比，这时的同伴群体对于初中生来说尤为重要，同伴群体不仅能够满足初中生的社交需要，而且是他们获得社会支持、安全感和亲密感的重要源泉，同时群体环境也是初中生社会化的一个重要场所。在这一阶段，初中生更重视同伴的评价。一些学习不良的学生更容易结成不良的同伴群体关系，或者加入不良的同伴群体。随着身体的迅速发育和性意识的觉醒，这一时期的初中生对异性开始表现出好奇，并萌生了对异性探究和与异性交往的愿望。

2. 亲子关系出现冲突

与小学阶段不同，初中生开始对成人表现出明显的对抗或质疑。在家庭中，亲子之间原本和谐的关系被打破，父母与子女之间的冲突明显增多，强度明显增大，而且在整个初中阶段，这种趋势都在增强。一方面初中生的自我意识和成人感增强，他们希望获得自主，希望独立；另一方面父母依然用原来过多保护的方式对待子女，没有根据初中生的需要及时调整自己对待子女的方式，很多父母并没有意识到在幼儿园、小学阶段，子女需要父母的养育、保护，而进入初中阶段之后，子女对父母的需要更多的是理解、支持和指导。所以初中生与父母之间很容易发生冲突。而且，初中生的情绪比较容易激动，也往往使得亲子之间的冲突强度增大。

3. 师生关系削弱

初中生不再像小学生那样依赖成人，随着思维的发展和成人意识的增强，他们努力想摆脱过去那种被动接受式的学习和教育，摆脱对教师、父母的依赖。这时如果老师像对待小学生一样来对待他们，哪怕抚摸初中生的头，都可能会引起他们强烈的反抗（中小学心理健康教育教师指导用书编写组，2012）。

沃建中（2003）认为，初中生与教师交往的时候出现了与以往不同的四个特点：第一，初中生对待教师的态度更加理性化，但存在极端化的倾向；第二，初中生和教师的关系出现裂痕，反抗心理突出，师生之间的矛盾增多；第三，初中生和教师的交往由小学阶段基本的“一师一生”交往模式演变为“一生多师”的交往模式；第四，师生关系的质量初一、初二时明显下降，初三时又有一定的攀升。

（二）高中生人际交往的特点

高中生处于青年前期，与初中生相比较，发生了较明显的变化。他们摆脱了初中生的幼稚，逐步走向成熟，逐渐向成人靠拢。

1. 同伴关系更加稳定

首先，在交友的深度上有了明显的变化。高中学生的友谊感发展非常明显。这一时期同学之间建立起的友谊，有时能够保持终生。人生中的挚友，很多是高中时期开始交往的。我国学者杨瑞莉（1984）的研究表明，认为高中时朋友最多的人占比为35.4％，认为最要好朋友是高中时期结交的占比为45％，均排在调查结果的第一位。可见，高中时期是交友的高峰期和关键期。

其次，在交友的标准上有了明显的变化。高中生择友特别重视彼此间志同道合的相似性、同甘共苦的协同性、取长补短的互补性以及个人品质的认同性。与小学生和初中生所看重的“成绩好”“威信高”“有特长”不同，高中生的择友标准已显示出相当明显的成人倾向。

最后，在男女生关系上，高中男女生之间更能友好相处，相互认知，出现融洽的气氛。

2. 关心自己在群体中的地位

高中生自尊心逐渐增强，开始看重自己在集体中的地位和形象。高中生的群体分为正式群体与非正式群体。正式群体是指各个成员的位置和行为由组织规则给予严格规定的群体，主要有班集体、团组织和各种课外活动小组。非正式群体是指自发形成的、带有明显感情色彩的小群体。其存在并非偶然现象，而是人们为了满足正式群体之外的某种心理需要而产生的。

高中生非正式群体有如下特点：一是交往频繁，感情融洽。成员间交往频率高，感情基础好，能推心置腹地交谈，开诚布公地讨论，亲密无间地合作。二是志趣相投，行动一致。成员间有较一致的思想基础和兴趣爱好，人际沟通良好，行动能保持一致，效率比较高。三是核心人物能量大。非正式群体一般有自然形成的领袖人物，成员对他们心悦诚服，言听计从。四是有不成文的规范。这些规范是自觉约定的，对每个成员有很强的约束力。

3. 亲子关系趋于和谐

高中阶段的亲子关系具有一定的特殊性。对学生来说，这一阶段是青春期生理、心理逐渐成熟，离开父母进入社会的阶段。经过初中阶段急风暴雨式的生理和心理的变化，到高中阶段，学生的成长发育逐渐稳定，他们对自己以往特别是初中阶段和父母的对立感到不解，开始反省自己的行为，对父母的行为逐渐理解，行为趋向理性，情绪方面虽然存在不稳定和容易冲动的特点，但同初中生相比，高中生更倾向于努力控制自己的情绪和行为，亲子之间的关系趋于和谐。

4. 师生关系选择性突出

高中生对教师的态度出现明显的分化，对与教师的情感联系开始具有选择性。他们常常在一起议论和评价教师，对自己认可和喜欢的教师更加亲密和崇敬，对不喜欢的则保持一定的心理距离，有的甚至出现疏远和反抗心理。

高中生对教师的要求和期望更高、更全面、更深刻。许多研究表明，高中生在心目中对教师已经形成了明确而且有时近乎苛刻的标准，一般包括智慧、人格、品德等多种因素。高中生首先重视的是教师对学生的态度，然后才是知识的传授。他们常常用这种理想的标准来比较和评价现实中所接触的教师，并产生积极或消极的态度体验（朱新春，1993）。

表 5-2 是不同学段学生人际交往的发展特点。

表 5-2　不同学段学生人际交往的发展特点

小学生	初中生	高中生
1. 同伴关系由单向帮助向双向帮助和亲密分享发展 2. 与父母保持亲密关系 3. 师生关系有更大影响	1. 同伴地位迅速上升 2. 亲子关系出现冲突 3. 师生关系削弱	1. 同伴关系更加稳定 2. 关心自己在群体中的地位 3. 亲子关系趋于和谐 4. 师生关系选择性突出

三、人际交往理论

（一）人际交往的三维理论

社会心理学家舒茨（W. Schutz）认为，每一个个体在人际互动过程中都有三种基本的需要，即包容需要、支配需要和情感需要。这三种基本的人际需要决定了个体在人际交往中的行为，以及如何描述、解释和预测他人行为。

1. 包容需要

指个体想与他人建立并维持一种满意的相互关系的需要。

如果个体的包容需要没有得到满足，他们就会与他人形成否定的相互关系，产生焦虑，于是就倾向于形成低社会行为，在行为表现上倾向于内部言语，倾向于摆脱相互作用而与人保持距离，拒绝参加群体活动。

如果个体的包容需要得到较好的满足，他们就会依照具体的情境来决定自己的行为，决定自己是否应该参加或参与群体活动，形成适当的社会行为。

如果个体在早期的成长经历中社会交往过多，包容需要得到了过多的满足，他们又会形成超社会行为，在人际交往中，会过分寻求与人接触、寻求他人的注意，过分热衷于参加群体活动。

2. 支配需要

指个体控制别人或被别人控制的需要，亦即个体在权力关系上与他人建立或维持满意的人际关系的需要。

如果个体的支配需要得到满足，他们就会形成使用权力、权威、影响以及控制、支配、领导等行为特征，反之就会抗拒权威、忽视秩序、受人支配等。

在孩子的成长过程中，如果父母对孩子既有要求又给予一定的自由，教育方式民主，个体就会形成既乐于顺从又可以支配的民主型行为倾向，能够顺利解决人际关系中与控制有关的问题。而如果父母对孩子的生活高度控制，个体就倾向于形成服从型的行为方式，表现为过分顺从、依赖别人，完全拒绝支配别人，不愿意对任何事情或他人负责任，在与他人进行交往时，这种人甘愿当配角。如果父母对孩子放任不管，个体就倾向于形成专制型的行为方式，表现为倾向于控制别人，却绝对反对别人控制自己，喜欢拥有最高统治地位，喜欢为别人做决定。

3. 情感需要

指个体爱别人或被别人爱的需要，即个体在人际交往中建立并维持与他人的亲密情感联系的需要。

如果个体的情感需要得到满足，个体就会表现出同情、热情、喜爱、亲密等行为特征，反之就表现出冷淡、厌恶、反感、憎恨等。

若个体在早期经验中没有获得爱的满足，他们就会倾向于形成低个人行为，表面上对人友好，但在个人的情感世界深处，却与他人保持距离，总是避免亲密的人际关系。若个体在早期经历中被溺爱，他们就会形成超个人行为，在行为表现上，强烈地寻求爱，并总是在任何方面都试图与他人建立和保持情感联系，过分希望自己与别人有亲密的关系。而在早期生活经历中得到了适当的关心和爱的个体，则能形成理想的个人行为，他们总能恰当地对待自己和他人，能适度地表现自己的情感和接受别人的情感，又不会产生爱的缺失感，他们自信会讨人喜爱，而且能够依据具体情况与别人保持一定的距离，也可以与他人建立亲密的关系。

由于人们对这三种基本的人际需要有主动和被动两种表现形式，因而形成了人际关系的六种取向，如表 5 - 3 所示（乐国安，2013）。

表 5 - 3　人际关系的六种取向

行为倾向	主动	被动
包容	主动与他人交往，积极参与社会生活	期待他人吸纳自己，退缩、孤独
支配	喜欢控制他人，能运用权力	期待他人引导，愿意追随他人
情感	对他人表现出喜爱、友善、同情，主动对他人表示亲密	对他人显得冷淡，负面情绪较严重，但期待他人对自己亲密

（二）PAC 理论

PAC 理论又称为相互作用分析理论、人格结构分析理论、交互作用分析、人际关系心理分析。加拿大心理学家埃里克·伯恩（Eric Berne）于 1964 年在《人们玩的游戏》一书中提出了这个著名的理论。

伯恩认为，个体的个性是由三种比重不同的心理状态构成，这就是“父母”“成人”“儿童”状态。他取这三个词的第一个英文字母——Parent（父母）、Adult（成人）、Child（儿童），形成 PAC 理论。

PAC 理论把个人的“自我”划分为“父母”“成人”“儿童”三种状态，这三种状态在每个人身上都交叉存在，构成人类多重天性的三部分（乐国安，2013；见表 5－4、表 5－5）。

表 5－4　PAC 理论中各状态的主要特点

	心理标准	心理特点	行为表现	讲话方式
P	权威和优越感，以长者自居	统治人、训斥人以及其他权威式作用	凭借主观印象办事，独断专行，滥用权威	你应该…… 你不能…… 你必须……
A	客观和理智	成熟、理智、客观	待人接物冷静，慎思明断，尊重别人	我个人的想法是……
C	情感和感觉	一会儿逗人喜爱，一会儿发脾气惹人生气，感情冲动又容易表现出服从	无主见，遇事畏缩或感情用事，喜怒无常，不加考虑	我猜想…… 我不知道……

表 5－5　PAC 理论中各状态的行为特征

P—A—C	行为特征
高—低—高	喜怒无常，支配欲强，武断，难以共事，喜欢被颂扬
高—低—低	墨守成规，照章办事，家长制作风，希望他人依赖自己
低—低—高	稚气，对人有吸引力，喜欢寻求友谊，爱幻想
高—高—低	容易将父母状态过渡到成人状态，有成功领袖的潜力
低—高—高	容易有好的人际关系

父母自我状态（P 角色）指保护性、指导性、养育性与批评教育性角色。父母自我状态以权威和优越感为标志，通常表现为统治、训斥、责骂等家长制作风。当个体的人格结构中 P 成分占优势时，行为表现为凭主观印象办事，独断专行，滥用权威。这种人讲起话来总是“你应该……”“你不能……”“你必须……”。

成人自我状态（A 角色）指个体有理性、有计划性，处于求实和非感性的心理立场。成人自我状态表现为注重事实根据和善于进行客观理智的分析。通常表现为能从过去存储的经验中估计各种可能性，然后做出决策。当个体的人格结构中 A 成分占优势时，行为表现为待人接物冷静，慎思明断，尊重别人。这种人讲起话来总是“我个人的想法是……”。

儿童自我状态（C 角色）指自发性、依赖性、难以管束和创造性角色。儿童自我状态像婴幼儿的冲动，表现为服从和任人摆布。一会儿逗人喜爱，一会儿乱发脾气。当个体的人格结构中 C 成分占优势时，通常表现为无主见，遇事畏缩或感情用事，喜怒无常，不加考虑。这种人讲起话来总是“我猜想……”“我不知道……”。

（三）萨提亚人际沟通模式

萨提亚人际沟通模式是美国首席家庭治疗专家维吉尼亚·萨提亚（Virginia Satir）创立的。根据她的研究，人有五种常见的沟通模式：讨好型、指责型、超理智型、打岔型、表里一致型（萨提亚，2007；见表 5-6）。

讨好型的人在生活中占据了大多数，他们在沟通中过分注重“他人”和“情境”，却缺失了排在首位的“自己”，内在价值感比较低。言语中经常流露出“这都是我的错”“我想要让你高兴”之类的话。行为上则过度和善，习惯于道歉和乞怜。他们的潜台词是“别人比我重要”“别人对我的喜欢很重要”“我害怕被孤立，我害怕如果说错话他们会因此不再喜欢我”。

指责型的人在生活中也不少，他们在沟通中看重“自己”和“情境”，却忽视了“他人”。习惯于攻击和批判，将责任推给别人。遇事“全是他人的错”，伤害他人的借口是“我说话直”“因为我实诚”，他们的表达也许心意有 90 分，效果却只有 10 分。言语中经常流露出“都是你的错”，“你到底怎么搞的”是他们的口头语。他们的潜台词是“全是自己受伤，全是他们的错”。

超理智型的人在沟通中忽略了“他人”，更忽略了“自己”，他们极端客观，好像只在乎事情本身，让人觉得无法反驳，却也无法沟通。他们总是逃避与个人或情绪相关的话题。他们告诫自己：“人一定要有理智。”“不论代价，一定保持冷静、沉着，决不慌乱。”这类人表面上很优越，举动合理化。而实际上，他们内心很敏感，甚至很孤独。有一部分超理智的人曾在情感交流上受到过挫折，从此潜意识中有“如果我流露出任何感觉，就容易被伤害和攻击”这样的意识。

打岔型的人在沟通中把“自己”“他人”“情境”全部都丢掉了，和他交流好像“不在一个次元”。他们永远抓不着重点，习惯于插嘴和干扰，不直接回答问题或根本文不对题。其实一个特别不需要别人关注的人，最需要被关注，他们用插科打诨引人注意，但他们的内心却永远觉得“没有人真正在乎我、关心我”。他们内心焦虑、哀伤，精神状态混乱，没有归属感，不被人关照，还常被人误解。

表里一致型是萨提亚所倡导的目标。这种模式建立在高自我价值的基础之上，达到自我、他人和情境三者的和谐互动。这种模式的人言语表现出一种内在的觉察，表情流露和言语一致，内心和谐平衡，自我价值感比较高。

表 5-6　萨提亚人际沟通模式

	讨好型	指责型	超理智型	打岔型	表里一致型
言语	同意	否定	极度客观	无关的	现实
情感	祈求	指责	严厉、冷淡	混乱	与言语一致
行为	依赖型的受难者	攻击	独裁主义	心烦意乱	生动的、创造性的、独特的、有能力的
内心体验	我觉得自己无足轻重、我毫无价值	我是孤独而且不成功的	我感到脆弱和孤立、我不能表现出任何感受	没人关心这个、没有我的地方缺乏平衡	和谐、平衡、高自我价值
心理影响	神经质、抑郁、自杀	偏执狂、违法、杀人	强迫性的、反社会的、社会退缩、紧张	迷茫、不合时宜、精神病	健康
自我他人情境	没有自我	没有他人	没有自我和他人	全无	全重视
资源	关心、敏感性	自信	才智	有趣、自发、创造性	联系、接触、高自尊

四、人际交往辅导的重点内容

根据教育部《中小学心理健康教育指导纲要》(2012 年修订)，在不同学段，人际交往辅导的内容各有侧重。如表 5-7 所示。

表 5-7　不同学段学生人际交往辅导的重点内容

学段	人际交往辅导的重点内容
小学低年级	培养学生礼貌友好的交往品质，乐于与老师、学生交往，在谦让、友善的交往中感受友情
小学中年级	树立集体意识，善于与学生、老师交往，培养自主参与各种活动的能力，以及开朗、合群、自立的健康人格

续表

学段	人际交往辅导的重点内容
小学高年级	开展初步的青春期教育，引导学生进行恰当的异性交往，建立和维持良好的异性同伴关系，扩大人际交往的范围
初中年级	积极与老师及父母进行沟通，把握与异性交往的尺度，建立良好的人际关系
高中年级	正确认识自己的人际关系状况，培养人际沟通能力，促进人际的积极情感反应和体验，正确对待与异性同伴的交往，知道友谊和爱情的界限

第二节　人际交往辅导的实践活动

◆ 心理课例：合作伴我行

主题背景

刚进入初中的学生，在学习、人际交往、自我认识以及环境适应等方面面临一系列新的任务和要求。他们期待适应和融入新的初中生活、新的学校环境，渴望友谊与支持。但是正处于自我意识发展第二加速期的他们容易忽略他人的感受，更希望按照自己的意愿做事。因此，如何帮助学生更好地融入新环境，促进他们之间的积极合作是初一学生心理健康课的主题之一。同时，对于一个新建立的班级来说，入学一段时间的适应之后，正是激发班级团体动力和增强凝聚力的契机。就社会层面来讲，合作既是一种学习手段，又是一种生存和生活方式，更是一种人生态度和价值取向。

活动目标

（1）通过活动，帮助学生认识合作的重要性，丰富合作体验。

（2）通过活动，帮助学生习得合作的方法与技巧，提高合作能力。

（3）通过活动，帮助学生初步形成合作意识，增强对集体的归属感与认同感。

重点难点

（1）重点：帮助学生习得合作的方法与技巧，提高合作能力。

（2）难点：帮助学生形成合作意识，增强对集体的归属感与认同感。

活动方法

游戏体验、感悟分享等。

活动准备

（1）提前分组，全班共分为 4 个小组，各组人数据班级而定，同时每组选派一名组长。

（2）准备活动所用物品：眼罩、粉笔、用来设置障碍的物品、纸板等。

（3）将教室稍做布置，请学生按事先分好的小组坐在一起，整个班级呈U形坐好。

活动过程

1. 热身活动：雨点变奏曲（5 分钟）

教师带领学生用除口之外的身体各部位如手指、手掌、腿、脚等碰撞摩擦发出类似小雨、中雨、大雨、雷雨等的声音。

搓手——吹风；两手指拍——下小雨；双手掌拍——下中雨；手脚齐动——下大雨；手脚口一起动——狂风暴雨。

教师过渡语：今天能与各位同学在一起，我觉得非常开心，尤其是听到刚刚那暴风骤雨般掌声的时候，更让我内心激动。其实一个人的声音是无法达到暴风骤雨的效果的，正是因为我们每一个人的共同努力、相互配合，才让这掌声像暴风骤雨一样热烈，一样鼓舞人心。

2. 发展活动：单翼天使（10 分钟）

教师带领学生了解活动规则：每组派出两名学生，其中一位学生的眼睛是被蒙住的，另一位学生的手是被反绑的。两人的任务是：安全穿过障碍，走到黑板前，拿到粉笔，在指定区域工整书写自己的姓名。

具体操作：

（1）首先请被蒙住眼睛的学生到起点站好，然后要求其往前走，体会蒙住眼睛走路的感觉。

（2）请被反绑双手的学生体会一下：如果让你去黑板写字，你会怎样？

（3）请两位学生合作完成任务。

活动结束后，教师引导学生思考和分享。

参考问题：①大家觉得哪组完成得好？好在哪里？②问被蒙住眼睛的学生：同样是蒙着眼睛，有同伴在身边时和先前有什么不一样吗？③问全班学生：这个活动让你想到了什么？

教师过渡语：在生活中，我们每个人的智慧和力量都是有限的，任何人都不完美，想成功就离不开别人的帮助，通过取长补短，我们更容易达成目标。有一句话是这样说的：我们都是单翼天使，只有互相拥抱才能展翅飞翔。看来大家已经初步拥有了天使的智慧，那就让我们带着天使的智慧继续前行吧。

3. 主体活动：胜利之舟（30 分钟）

教师介绍活动规则：以地面为海，以纸板为舟，讲台是海岸。队员必须时刻站在纸板上，每前进一步需要腾出一块纸板，即所有人要站在剩余纸板上，随即将腾出的纸板传递给最前面的队员。如果纸板在传递的过程中脱手，或纸板上没人，即代表纸板被水冲走，不能再用。队员若脚触及地面，即代表人落海，只要有一名队员落海，就需要重新开船。最后一名队员通过，任务完成。每组需要派出 3 名队员，与原来的对手小组组成一个新的 6 人小组，一起渡海，到达胜利的彼岸。

每组派一名监督员，确保按照规则完成任务。

活动结束后引导分享。

参考问题：①问后完成的小组：你们认为没有得到冠军的原因是什么？哪里做得不好，导致慢了？②请优胜团队介绍自己的做法，分享取胜秘诀。③大家觉得这次活动和前次活动有什么不同吗？④原来的竞争关系，变成了合作关系，你是怎么看待这种关系的变化的？

教师总结：今天的对手，也许就是你明天的合作伙伴，因此还需要我们有一颗开放的心。合作是一种力量，是一种财富，也是当今时代对我们的要求。在合作中，我们取长补短、相互支撑、彼此协调，一起感受成功的快乐。有合作伴我们成长，未来一定很美好。

人际交往团体心理辅导方案

活动目标

通过活动体验，帮助学生了解和学习人际交往中沟通与合作的相关知识和技巧，从而促进自己的成长和发展。

活动对象

初中生。

活动形式及规模

活动分小组进行，一般分为 3～4 个小组，每个小组 6～8 人为宜。

活动时间及频率

一天，一次完成，共 6 课时。

活动场地及准备

有较大空间的团体辅导活动室、游戏所需道具、多媒体设备等。

活动方法

游戏体验、感悟分享等。

活动过程

1. 创始阶段

活动一：我们的团队

（1）活动目的。

组建团队，澄清团体目标和学生参加团体的动机，帮助学生了解团体的性质，制定团体规范，初步建立归属感。

（2）活动规则和程序。

准备若干份分别写有1，2，3……的纸条，每人一张，抓住同一个数字的学生组成一个小组。教师视各组性别比例决定是否适当调整。要求各组设计出自己的组名、口号以及合作成功的标志动作；选举组长，并在组长的带领下向全体学生介绍自己的团队。

活动二：我们的愿景和约定

（1）活动目的。

了解期望，端正动机，澄清认识。

（2）活动规则和程序。

● 学生围圈而坐，从第一小组组长开始，按逆时针顺序，让每个学生将下面两个句子补充完整，以澄清每位学生参加团体的动机和对团体的期望。

我加入团体的希望是____________________。

我希望我们的团体是____________________。

● 教师澄清学生对团体的错误期待和认识，介绍团体的功能、目的和活动内容。

● 制定团体规范。教师说明制定团体规范的原因，学生共同讨论和制定团体规范，然后将它们加以归纳，写在一张大白纸上，形成《团体契约书》。每个学生在《团体契约书》上签名，以示自己愿意遵守这些团体规范。

2. 转换阶段

活动一：画图游戏

（1）活动目的。

通过游戏，帮助学生了解单向沟通的局限性，了解听者和说者各自存在的问题，引导学生学习进行正确的沟通。

（2）活动内容。

你说我画。

两张图（见图5-1、图5-2）。

（3）活动规则和程序。

● 选取一名学生上台，发给他第一张图。该学生思考1分钟后进行描述。

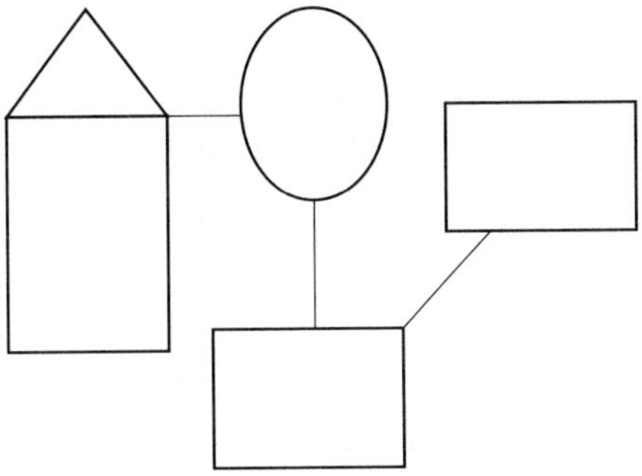

图 5-1 画图游戏 1

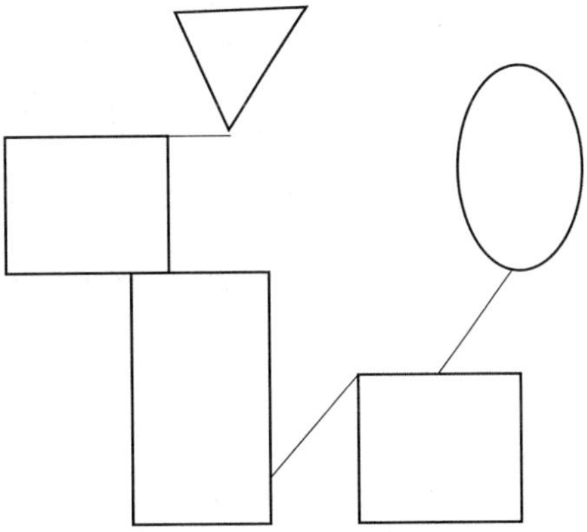

图 5-2 画图游戏 2

要求在描述的过程中，只能通过言语表达，不能用手比画。其余学生只允许听，不允许提问，只能根据自己听到的信息进行绘画。

- 统计认为自己画对了的人数。给所有学生出示第一张图，统计实际画对的人数。
- 发给第二张图，进行描述。这次台下学生可以发问。
- 统计认为自己画对了的人数。给所有学生出示第二张图，统计实际画对的人数。
- 讨论分享。

参考问题：①大家在画第一幅图时为什么会有这么多不同的结果？②在画第二幅图时为什么允许发问还会有误差？③对听者和说者各有什么启示？你从中体会到了什么？

(4) 注意事项。

如果第一次描述的学生表达不清楚，第二次描述时可以更换一名学生。

活动二：荒岛逃生

(1) 活动目的。

通过活动，帮助学生体会倾听和复述的技术，感受说者与听者之间思想的距离。

（2）活动规则和程序。

● 小组学生围圈而坐，教师介绍游戏背景。

背景资料：私人飞机坠落在荒岛上，只有 6 人存活。这时逃生工具只有一个只能容纳两个人的橡皮气球吊篮，没有水和食物。

人物角色表

第 1 个角色：孕妇，怀胎八月。

第 2 个角色：发明家，正在研究新能源汽车。

第 3 个角色：医生，经年研究艾滋病的治疗方案，已取得突破性进展。

第 4 个角色：航天员，即将远征火星，寻找适合人类居住的新星球。

第 5 个角色：生态学家，负责热带雨林抢救工作。

第 6 个角色：警察，两次参加联合国维和行动，多次荣获战功。

● 教师分配角色。各组组长为第 1 个角色，按顺时针方向依次为第 2～6 个角色。

● 现在请大家针对由谁乘坐气球先行离岛的问题，各自陈诉理由。要求从第二人起先复述前一人的理由再申述自己的理由。

● 最后，由大家选出复述别人逃生理由完整与陈述自身理由充分的人，自行决定可先行离岛的人。

（3）注意事项。

● 强调在陈述自己理由前一定先复述前一人的理由。

● 可以设计得分表，一栏为复述分，一栏为陈述分，总分由两部分组成。

3. 工作阶段

活动一：同舟共济

（1）活动目的。

利用身体接触来融洽学生之间的情感，培养学生的相互协作精神，促进学生的团结。

（2）活动规则和程序。

● 每个小组分发一张报纸。教师介绍背景。

背景资料：假设你在海上航行时巨船触礁开始下沉，只有登上小船才能逃生。现在假设这张报纸就是你们逃生要用的小船。请用 3 分钟的时间让全组的人都必须站在上面，踩在报纸外面就意味着掉到大海中被淹死了。可用任何方式，但不要有一名学生踩到地面。

● 在正式开始前，先给各组 3 分钟时间练习。

● 正式模拟情境，开始活动。

● 每组请一位学生来谈谈活动中的组织情况和感受，包括成功和失败的体验。

（3）注意事项。

可根据每组人数多少来决定报纸的大小。

活动二：坐地起身

（1）活动目的。

进一步强化学生的合作意识和团队精神，培养学生的组织协调能力。

（2）活动规则和程序。

● 每个小组先派出两名学生，背靠背，臀部贴地，双手相互交叉，坐在地上。

● 当教师发出“开始”的指令时，两人合力使双方一同站起。要求在站起的过程中手不能松开，也不能触碰地面。

● 如果成功站起，则该组增加一人，三人一起手挽手地坐地起身。如果失败则重新来一次，直到成功方可再增加一人。

● 依此类推，全体组员一起成功坐地起身的小组为胜方。

● 讨论分享。

参考问题：①你能仅靠一个人的力量就完成起立的动作吗？②如果参加活动的队员能够保持动作协调一致，这个任务是不是更容易完成？为什么？③你们是否想过采用一些办法来保证队员之间动作协调一致？

（3）注意事项。

● 在活动结束后，教师要帮助完成效果不好的小组找出原因，帮助他们树立团队意识，引导他们总结自己的失误。

● 在正式活动之前，可以让学生先做一下热身活动，以免受伤。

活动三：解开千千结

（1）活动目的。

考察大家的团队协作能力，让学生体会团队支持对个人的意义和重要性，协助学生改变对人际冲突的消极看法。

（2）活动规则和程序。

● 所有学生站成一个面向圆心的圈，然后举起右手，抓住对面另一位学生的右手，再举起左手，抓住另一人的左手。但是不能抓自己身边同学的手，也不能抓同一位同学的两只手。这样就形成了一个复杂的结。

● 然后要求学生在不松手的情况下，想办法把这个“结”解开。可以钻、跨、绕，要求学生设法解决难题。

● 讨论分享。

参考问题：①一开始面对这个复杂的“结”的时候，感觉是怎样的？在解开了一点以后，你的想法是否发生了变化？②在现实生活中，你是否也与周围的同学结下这样的“结”？“结”可能是看得见的，也可能是看不见的，比如你总是看某个同学不顺眼这种“结”就是看不见的。在日常生活中，你是以何种心态来面对人际交往中的这些“结”的？③通过解开这个“结”，你觉得同学间的关系发生了什么微妙的变化？同学之间发生矛盾冲突是否只有消极的影响？④当努力了很久“结”都没有被解开时，你的感觉是怎样的？想到放弃了吗？在现实生活中，当你与某位同学产生了激烈的冲突，或者冷战了很久都没有缓和的迹象时，容易产生什么念头？⑤你运用了哪些方法解开这个“结”？联系现实，这对你解决人际矛盾有何启示？

（3）注意事项。

● 在游戏的过程中，如果尝试了很长时间“结”仍然没有被解开，教师可以允许其中某两只相邻的手断开一次，但必须马上封闭。

● 告诉大家一定可以解开，但答案会有两种。一种是一个大圈，另外一种是两个套着的环。

活动四：信任后仰

（1）活动目的。

通过活动，引导学生体验在一定的风险中，学习如何信任及支持他人，培养学生彼此间的信任感，在活动中建立个人在团体中的责任感。

（2）活动规则和程序。

● 一名学生站在台子上，下面的学生两人为一搭档。下面的一名学生先用左手握紧自己的右手腕，另外一名学生也是如此；然后让一名学生的右手握住另一名学生的左手，后者的右手握紧前者的左手。这样就形成了一个非常牢固的“手结”。其他几对搭档也是如此。然后让他们排成一排，形成一道比较安全的手臂网。

● 站在台上的学生左右手交叉抱住自己的双臂，并闭上双眼，准备从高台上往后仰面倒下。此时台上的学生需对台下的学生说：“你们准备好要支持我了吗？我相信你们！”台下的学生需要大声说：“我们准备好要支持你了！请相信我们！”然后，台上的学生往后倒下，台下的学生接住。

● 接着再换另一位学生，遵循上述的程序，如此依序直到小组内所有学生皆完成这项体验活动。

● 分享讨论。

参考问题：①在活动中，当你分别担任台上体验者和台下支撑者时，各有什么样的感觉？②在活动中，你要怎么做或怎么想，才会相信其他人能安全地支持你？③从信任后仰开始直到结束，你觉得身体有什么变化？④通过这样的活动，你觉得大家彼此间的关系会有什么改变？

（3）注意事项。

注意绝对安全，场地相对要松软些，要有保护性的海绵垫。

体验者倒下时需两脚直立，且双手交叉抱在胸前；倒下时身体尽量保持直线，不要扭曲。

台下的学生在组成手臂网时，要摘掉眼镜、手表等易碎或易损坏的东西，以保证安全。

体验者往后倒下时，台下的学生组成的手臂网可以由低到高形成一个斜坡，这样可以减少体验者身体对台下学生手臂的冲击力，减少疼痛。

身体有问题的学生（如哮喘患者、心脏病者、恐高心理者等）不能参加。

4. 结束阶段

（1）活动名称。

感谢有你。

（2）活动目的。

盘点收获，结束团体活动，使学生带着美好感受开启明天。

（3）活动规则和程序。

● 所有学生围成圆圈站立，将双手搭在两侧同学的肩上，感受肢体接触带来的温暖和力量。

● 每位学生分享自己的感受：最大的收获是什么？最想感谢的人是谁？最想送给同伴的祝福是什么？

（4）注意事项。

每个人都要分享，通过相互祝愿，让大家带着信任、感恩、温暖等结束活动。此外，也可以选择大家熟悉的歌曲或是手语操作为结束。

活动评估

可通过团体目标达成程度、学生行为表现、学生对团体活动的满意度等进行评估。

《拓展阅读》

1. 郑日昌．沟通心理学．北京：北京师范大学出版社，2015.

本书是郑日昌教授多年讲授沟通与说服课程的精华。全书共分十章，重点介绍了作者概括的沟通与说服的艺术：具备两个条件；坚守三个原则；搞好四个结合；发挥五种效应；运用六种战术；掌握七类技巧；营造三种氛围。这60多种沟通技巧，可帮助读者轻松地将有效沟通与成功说服的方法应用于生活。同时，书中介绍的沟通发生的心理学机制，可让读者在认知层面真正理解沟通的原理；书中还附有沟通能力的自我评估以及丰富实用的沟通锦囊。

2. 卢森堡．非暴力沟通．沅胤华，译．北京：华夏出版社，2016.

本书介绍了马歇尔·卢森堡博士发现的一种沟通方式，依照它来谈话和聆听，能使人们情意相通，和谐相处，这就是"非暴力沟通"。非暴力沟通能够疗愈内心深处的隐秘伤痛，超越个人心智和情感的局限性，突破那些引发愤怒、沮丧、焦虑等负面情绪的思维方式，用不带伤害的方式化解人际冲突，让人学会建立和谐的生命体验。

3. 加伯．50种沟通活动及破冰练习．赵红，译．北京：电子工业出版社，2013.

本书提供了50种简便易行、充满趣味的沟通、破冰及训练活动，帮助人们快速、有效地提升沟通能力。本书内容主要分为三部分：沟通原则、沟通入门及沟通练习。每种活动主要集中在某些方面的沟通，包括活动描述、沟通时间、沟通目的、资源和具体表现。这些活动不仅有用而且很容易记住。对于培训师及个人来说，本书提供的资源简便、实用，可直接使用。

反思助学

1. 影响人际关系的主要因素有哪些？
2. 在你的身上是否存在着常见的沟通障碍？你准备如何克服？
3. 人际交往的主要功能有哪些？
4. 初中生人际交往的特点有哪些？
5. 高中生人际交往的特点有哪些？
6. 如何理解人际关系的三维理论？
7. 试评价PAC理论的主要观点。
8. 萨提亚人际沟通模式的类型及特征是什么？
9. 在不同学段，人际交往辅导的重点内容分别是什么？
10. 学完本章的心理课例，你有什么收获和感受？
11. 做完本章的团体辅导活动，你有什么收获和感受？

第六章

学习心理辅导

内容概要

学习心理是教育心理学的一个重要分支。本章从基本理论和实践活动两个方面对学习心理进行介绍。在基本理论部分，主要介绍四种学习理论以及学习动机、学习兴趣、心智图法，并介绍学习心理辅导的重点内容。在实践活动部分，分别介绍学习心理辅导的一个心理课例和一个团体心理辅导方案。

知识概图

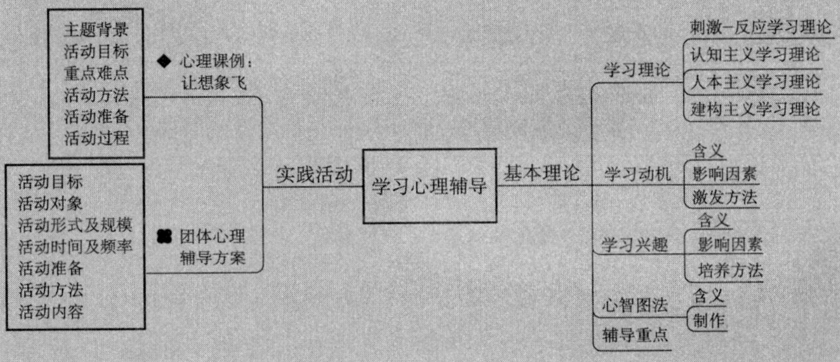

第一节　学习心理辅导的基本理论

一、学习理论

学习理论是心理学中最古老、最核心也是最发达的领域之一（刘儒德，2010）。现代学习理论一方面起源于哲学史上的认识论的发展，另一方面也根植于学习的早期实验取向研究。学习理论流派众多，主要学习理论流派如表 6-1 所示（王文静，2002）。

表 6-1　学习理论的研究与发展

主要学习理论流派	学习理论研究内容	学习理念的发展
早期学习理论	日常生活中的学习	学习是经验与联想
刺激-反应学习理论	实验室中的学习	学习是刺激-反应的强化
认知主义学习理论	学校、课堂中的学习	学习是学生内部心理结构的形成和改组
折中主义学习理论	实验室中的学习 学校、课堂中的学习 日常生活中的学习	学习不是简单的S-R的联结，而是S-O-R的过程，结果形成“认知地图”； 学习是自我强化、替代强化等多种强化的结果
人本主义学习理论	学校、课堂中的学习 日常生活中的学习	学习是寻求潜力的充分发挥
建构主义学习理论	学校、课堂中的学习 日常生活中的学习	学习是学生意义的建构 学习是社会互动与协商

（一）刺激-反应学习理论

刺激-反应学习理论把环境看作刺激，把伴随而来的有机体的反应看作反应。因此，研究者关注的是环境在个体学习中的重要性。刺激-反应学习理论认为，一切学习都是通过条件作用，在刺激 S 和反应 R 之间建立直接联结的过程。刺激-反应学习理论主要有三种学说：桑代克（E. L. Thorndike）的试误说，巴甫洛夫（J. P. Pavlov）与华生（J. B. Watson）的替代说，斯金纳（B. F. Skinner）的强化说。华南师范大学莫雷教授认为，刺激-反应学习理论的各种流派，总体上表现出三个共同特点（莫雷，2003）：一是在过程上，简化了有机体学习过程的内部操作活动，将它看成是由此到彼的联结；二是在结果上，简化了有机体学习的结果，将它看成是若干兴奋点形成的通道；三是在条件上，注重学习的外部条件而忽略了内部条件。

（二）认知主义学习理论

认知主义学习理论认为，学习是个体对事物经由认知、辨别、理解，从而获得新知识的过程。认知主义学习理论的代表人物和观点主要有柯勒（W. Kohler）的顿悟学习说、布鲁纳（J. S. Bruner）的认知结构学习理论和奥苏伯尔（D. P. Ausubel）的认知同化理论。总体上，认知主义学习理论各流派也有三个共同特点（莫雷，2003）：一是从学习的过程来看，他们都把学习看成是复杂的内部信息加工过程。二是从学习的结果来看，他们都主张学习的结果是形成反映事物整体联系与关系的认知结构。三是从学习的条件来看，他们都注重学习的内部条件，强调学生在学习过程中的主动性、积极性，注重学生的内部动机；注重学习的认知性条件，如过去的经验、背景知识、心理活动水平等，注重学习过程中信息性的反馈等。

还有一些学者综合了认知主义学习理论和行为主义学习理论的优点，形成了自己的理论主张。代表人物和观点主要有托尔曼（E. C. Tolman）的符号学习理论、班杜拉（A. Bandura）的社会学习理论、加涅（R. M. Gagne）的信息加工学习理论。

（三）人本主义学习理论

人本主义学习理论实际上是依托人本主义心理学家的基本观点而提出的。相比刺激-反应学习理论和认知主义学习理论，人本主义学习理论的特点是：第一，不是通过实验把研究得到的原理推论到教育问题上去，而多半是根据经验原则提出教育上的观点与建议；第二，不对片段性行为进行解释，而是力图把握学生整个成长过程；第三，不是关注知识的学习或行为的改变，而是强调教育环境的创设要符合学生人性发展的实际需求。因此，人本主义学习理论的教育价值主要体现在对教学过程的组织，而不是教学方法方面。在教育实践中影响最大的是罗杰斯（C. R. Rogers），他提出了著名的以学生为中心的学习理论（刘智运，2008）。

（四）建构主义学习理论

建构主义本身并不是一种学习理论流派，而是一种理论思潮，并且目前正处在发展过程中，尚未达成一致意见，存在着不同的取向。

学者们因为各自的理论依据不同、所采取的实验情境不同、学习任务的难度不同、学习材料组织程度不同、研究的重点不同等，提出了不同的学习理论和主张，其实这些学习理论依其自身的特点，分别对应不同复杂程度的学习内容和不同水平的认知要求，各自有其最佳适用范围（武丽志，2004）。

刺激-反应学习理论，力求用外显的行为来解释学习，倾向于技能的获得，信息和过程的结构被置于理论上的“黑箱”中。刺激-反应学习理论较适用于如客观事实的记忆、机械操练、基本事物的关联、匹配区分等相对简单，仅需要简单认知加工的任务。

认知主义学习理论倾向于用内隐的思维来解释学习，从更有效的理解以及思维和理解的一般策略的增长来看学习。认知主义学习理论让我们可以仔细探讨刺激-反应学习理论“黑箱”中的内容，但与此同时，它又抛给了我们另一个“黑箱”，其中包含了认知主体和物理系统与其他人之间的互动关系的结构。认知主义学习理论较适合于高层次智慧技能和认知策略的学习，如归类、规则的推导、程序的建立等。这对学生的认知加工能力有较高的要求，不但需要知道是什么，还必须知道为什么。

建构主义学习理论将学习置于情境之中、实践共同体之中，把关注点放在学生的意义建构和外部情境，揭示了个体与环境之间的互动关系，从而将行为主义学习理论向外的视角和认知主义学习理论向内的视角进行了整合。建构主义学习理论最适合于一些更加高级的复杂知识的学习和掌握。它要求学生具备较强的认知技能及自我控制能力。

二、学习动机

（一）学习动机的含义

学习动机是激发个体进行学习活动、维持已引起的学习活动，并使学习行为朝向一定目标的一种内在过程或内部心理状态。

1. 学习动机的类型

关于学习动机的类型，从不同的角度进行考察，有不同的划分方法（王贞贞，2009）。从自发性和目的性来看，学习动机可以分为外部动机（也称外生动机、外源性动机）和内部动机（也称内生动机、内源性动机）（Deci & Ryan，1985）；从来源的远近和作用的持久性来看，学习动机可分为近景性动机与远景性动机（李伯黍，燕国材，2001）；根据在学习中所起的作用不同，可将学习动机分为主导性学习动机和辅助性学习动机；从学生对学习活动的侧重的不同及其强弱程度来看，学习动机可分为普遍型学习动机与偏重型学习动机。

在众多分类中，最常用的是将学习动机分为内部学习动机和外部学习动机。内部学习动机是指学习诱因来自学生本身的内在因素，如好奇心、成功的满足感。外部学习动机是指学习诱因来自学生的外部因素，如表扬、批评、奖励等。小学低年级以外部学习动机为主；从中高年级开始，逐渐过渡到以内部学习动机为主。

2. 学习动机对学习的影响

美国心理学家耶克斯和多德森（Yerkes & Dodson）认为，中等程度的动机水平最有利于学习效果的提高。同时，他们还发现，动机水平与作业难度密切相关：任务较容易，动机水平较高；任务难度中等，动机水平也适中；任务越困难，动机水平越低。这便是有名的耶克斯-多德森定律（Yerkes & Dodson，1908）（见图 6-1）。

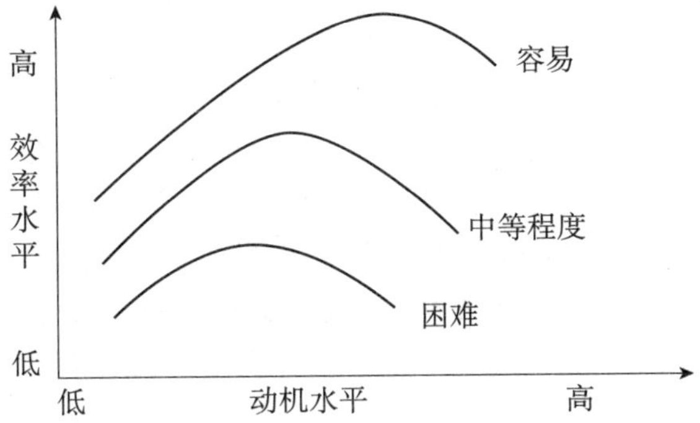

图 6-1　耶克斯-多德森定律

（二）学习动机的影响因素

学习动机的影响因素也可以分为内部因素和外部因素两类。内部因素包括生理因素（如年龄、性别等）和心理因素（如自我效能感、归因等认知因素和情感、态度、价值观等非认知因素）。外部因素包括学校、家庭、社会等。

目前关于影响学习动机的决定因素是内部因素还是外部因素，仍然存在争议：一种观点认为外部因素起决定作用，因为学习动机主要是学生在社会化过程中逐渐内化的一种社会性动机；相反的观点则认为，学生的内部因素是学生心理变化的根本动力。

（三）学习动机的激发方法

1. 激发内部学习动机的主要方法

（1）创设问题情境。既可以用设问的方式提出，又可以用作业的方式提出；既可以从新旧教材的联系方面引入，又可以从学生的日常经验引入。

（2）提供成功机会。教师可以选择难易适中的任务，让学生不断地获得成功体验，进而提高自我效能感，产生积极学习的动力。

(3) 训练积极归因。积极归因训练对于后进生转变具有重要意义。只要相信努力会带来成功，学生就会在今后的学习过程中坚持不懈地努力，并极可能成功。

(4) 信任赞赏学生。每一个人都是渴望被表扬、被赞美的。信任和赞赏可以很好地激发学生的自信，增加学习的动力。

2. 激发外部学习动机的主要方法

(1) 设立适当目标。教师要针对学生目前的能力水平，将目标设定在最近发展区，让学生通过具有合理挑战性的任务，激发学习的动力。

(2) 正确运用奖惩。有学者认为有效的表扬应具备下列关键特征：表扬应针对学生的良性行为；教师应明确学生的何种行为值得表扬，并强调该行为；表扬应真诚，体现教师对学生成就的关心；表扬应让学生意识到，如果投入适当的努力，将来就有可能成功；表扬应传递这样的信息，即学生努力并受到表扬，是因为他们喜欢这项任务并想形成有关的能力。

(3) 及时反馈结果。美国心理学家佩奇 (E. B. Page) 关于评价的实验表明：针对学生个别差异的评语，效果最好；等级评语虽有激励作用，但效果一般；而无评语的成绩的效果则明显低于前两者。因此，反馈很重要，而且反馈要及时。

(4) 进行适度竞争。在集体中，利用学生的竞争心理可以有效激发学生的学习动机。

三、学习兴趣

(一) 兴趣的含义

国内外心理学家从不同的角度对兴趣下了定义或作了说明，这些定义可以分为五类 (燕国材，2006)：一是把兴趣视为人的基本机能；二是把兴趣视为动机因素；三是把兴趣视为态度；四是把兴趣视为情感反应；五是把兴趣视为需要。

兴趣的特点主要有三个：(1) 指向性，即任何兴趣都是针对一个事件或一种活动，为实现某种目的而产生的。(2) 情绪性，即人的兴趣总伴随着一定的情绪。人在从事他所感兴趣的活动时，总会处在愉快、满意、兴致淋漓的情绪状态。(3) 动力性，即兴趣对一个人所从事的活动起支持、推动和促进作用，使之能为未来活动做准备。

(二) 学习兴趣的影响因素

我国学者一般把学习兴趣的影响因素分为外部因素和内部因素。外部因素是指学生之外的影响兴趣产生和保持的因素，如教师人格、体态语言、教学手段、教学工具、教学资料、课堂环境、文本特点、任务难度、活动形式等；而内部因素则是指来自学生本身的心理因素，如价值观、需要、动机、情感等。

西方学者多倾向于把兴趣分为个体兴趣、情境兴趣和主题兴趣，相应的影响因素如表 6－2 所示（赵兰兰，汪玲，2006）。

表 6－2 西方近 20 年关于影响学习兴趣的因素的研究

名称	影响学习兴趣的因素
个体兴趣	1. 知识和价值与兴趣呈线性递增关系。 2. 坚韧性和尽责性对兴趣的调节有正向影响。 3. 女生对与科学相关的学科的兴趣的下降速度明显高过男生，但对动物学、生物学和人类学的兴趣的下降速度却明显低于男生。通过发展适合女生体验的材料及男女教师合作教学等形式，可以有效提升女生对物理学的兴趣。
情境兴趣	1. 在阅读理解中，与材料主旨无关的细节提升了对材料的整体兴趣水平。 2. 阅读材料的连贯一致性、理解的难易程度、材料的鲜活性、先前知识、投入情感的程度、悬念、主题复杂性对兴趣有显著的正向作用，从与阅读者相关的视角出发，提供有意义的选择、材料结构的有效组织及提供背景知识也能有效提升学生的兴趣。 3. 主题知识与领域知识，特别是领域知识，能够有效预测学生对某学科的兴趣。 4. 当学生预期漂亮地完成任务会有奖赏，并认为即将完成的任务是令人愉快的且提供自由选择的时机时，更能够激起并提升学生的兴趣。 5. 知识的有用性对兴趣产生正向作用，所学知识与学生自身的相关度越高，学生的学习兴趣越高。 6. 以记叙文或以问题形式呈现的阅读材料更能激起学生的兴趣。 7. 掌握目标能够有效预测学生对某学科的兴趣。
主题兴趣	1. 学生拥有的主题知识特别多或特别少时，均不能引起学生的兴趣，但如果恰好知道一些，学生对该主题的兴趣将最大。 2. 阅读中的情感反应和紧张程度对主题兴趣产生积极作用。

（三）学生学习兴趣的培养方法

1. 教育学生做好心理准备

做好心理准备是对自己的一种积极的心理暗示，可以帮助我们开发自己的潜能，获得意想不到的成功。苏联心理学家西·索洛维契克在其《学习与兴趣》一书中充分论证了心理准备在形成兴趣中的作用。他说，如果从心理上预先喜欢某一内容，相信自己一定会对目前正要做的工作产生兴趣，并精神昂扬地着手工作，兴趣就会被调动起来。

2. 引导学生树立正确动机

人们的各项活动都是在动机的驱使下进行的。内部的动机越强烈，人的外部行动越坚决，克服困难、排除干扰的决心也就越大。这种心理动力如果表现为强烈的求知欲，就会让人富有创新意识，并会刻苦努力地学习。指导学生形成高尚的社会动机，引导学生以天下为己任，树立为全人类之幸福而学习的远大理想，对于学生克服学习过程中的困难，逐步培养起对学习的兴趣是极为必要的。

3. 加强情感教育

情感是在认知活动中产生的，反过来又给认知活动以强烈的影响。亲其师，信其道。对中小学生的调查也表明了这一点：很多学生喜欢某一学科的直接原因就是喜欢教这个学科的老师。因此，教师多与学生进行情感方面的交流，关心学生，爱护学生，尊重学生，理解学生，对调动学生学习的积极性，提高学生学习的兴趣是非常有效的。

4. 指导学习策略

心理学研究表明，认知策略越好，学习动机水平越高。良好的认知策略能帮助学生积极有效地进行信息加工，使学生理解深刻，记忆牢固，事半功倍，提高效率，从学习中体会到乐趣，得到一种享受，从而学得更好、更快、更高兴。

5. 利用学科特点

每一门学科都有自己的知识特点，学生对某一学科的兴趣往往是由该学科的特殊趣味引起的。因此，教师要善于利用学科特点，充分发掘学科知识中那些使学生感兴趣的东西，以引起学生对该学科的特殊兴趣。

6. 合理安排教学内容

教育心理学的研究表明，当学生对所学的内容感到新颖而又无知时，最能诱发他们的好奇内驱力，激起他们的求知、探索、操作等学习意愿。在教学过程中，教学内容过深或过浅都会降低学生的学习兴趣。因此，教师在安排教学内容时，应当贯彻维果茨基的“最近发展区”的思想，注意深浅得当。

7. 改进教学方法

知识学习中总有一些枯燥无味，很难引起学生兴趣的内容，在传授这些知识时，有赖于教师用新颖的方法来激发学生的学习兴趣，巧妙地把枯燥乏味的东西变为津津有味的东西。优秀的教师总是善于通过自己富有艺术的讲授把困难的问题变得生动有趣，使学生乐学好学。

8. 创设问题情境

问题和兴趣从来就是相辅相成的，兴趣引导发现问题，问题可以激发兴趣。因此，教师在教学中要抓住教学重点，提出新颖且具有吸引力的问题，创设诱人的学习情境，这样学生就会产生急于求解的心情，从而激起强烈的学习动机和学习兴趣。《论语》中讲“不愤不启，不悱不发”，就是说在学生解决问题心求通而未通、口欲言而不能言的时候再去启发学生，效果最好。

9. 利用课外活动

教育实践表明，让学生参加各种课外兴趣小组，不仅能使他们学到既动脑又动手的本领，而且能进一步激发他们的求知欲，引起新的学习需要，培养广泛的学习兴趣。

四、心智图法

（一）心智图法的含义

心智图法是一种“以可视化图像为基础的放射思考模式”。中国台湾学者孙易新认为，心智图法的四个核心概念是关键词、放射思考的图解结构、色彩和图像（孙易新，2015）。

（1）关键词。关键词在词性选择上以名词为主，动词次之，加上必要的形容词与副词。每一线条上的词语数量尽量以一个为原则，必要时才在同一线条上使用两个以上的词语。

（2）放射思考的图解结构。心智图的结构可分为四类：一是分类关系，最上位阶代表最大类的概念，次位阶是中类，依此类推，最后一阶是具体事物的名称或描述；二是因果关系，以树状结构来表示原因与结果的关系；三是联想脉络，包括对比联想、接近联想与相似联想三种；四是网状脉络，不同节点的关键词之间若有关联，则以单箭头或双箭头的线条指出彼此的关系，亦可在线条上以文字说明二者间的关联性。

（3）色彩。既可以通过不同颜色在视觉上区分不同主题或类别的信息，又可以用不同的颜色表达我们心中对该主题或该类别信息的感受。

（4）图像。图像的运用原则有两点：一是重要的地方才加插图；二是插图必须能够明确表达代表的内容，或能够与该内容产生联想关系。

心智图法有利于开发右脑，培养想象力和创造力，提高记忆能力，培养思维能力。

（二）心智图法的制作

1. 心智图法的制作步骤和规则

（1）从一张白纸的中心开始绘制。最好是 A4 大小、干净光滑的白纸。纸张一般以横放居多，也可以竖放。

（2）用一幅图像或图画表达你的中心思想。通常只在特别重要或关键概念的地方加上图像，图像必须能代表或让人联想到重要内容。

（3）在绘制过程中使用颜色。不同线条分支用不同颜色加以区分。

（4）将中心图像和主要分支连接起来，然后把主要分支和二级分支连接起来，再把三级分支和二级分支连接起来，依此类推。

（5）让心智图的分支自然弯曲而不是像一条直线。通常越上位阶的线条越粗。

（6）在每条线上使用一个关键词。选择关键词时，遵循 6W2H 的原则。即 who（谁）、what（什么事）、where（哪里）、why（为什么）、which（哪一个）、when（什么时候）和 how（怎么样）、how much（多少）。精简关键词的判断原则是：删除它不影响内容理解就可以省略，删除它会对内容产生误解就必须保留。通常越上位阶的字号越大并加粗。

心智图法的规则如图 6－2 所示。

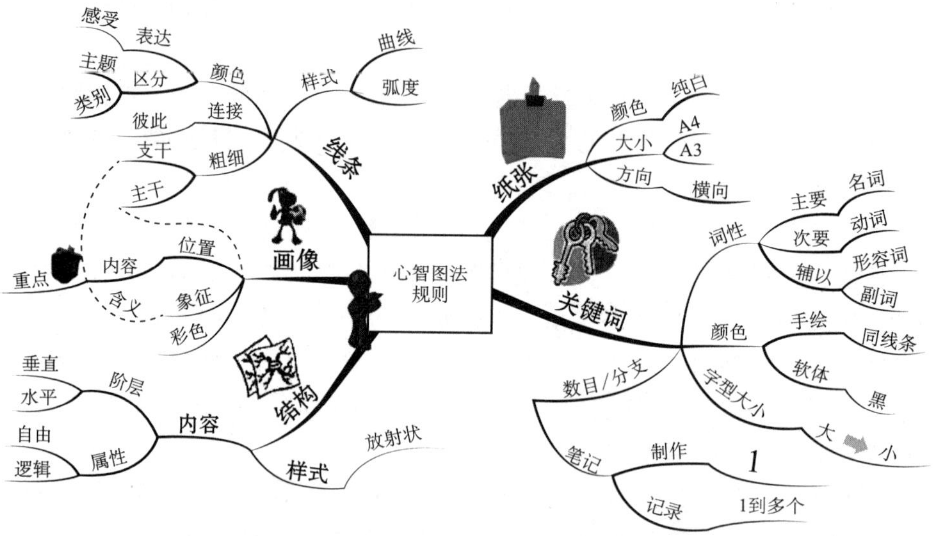

图 6－2　心智图法的规则

2. 心智图法的误区

（1）绘制误区。

一是中心主题图像的大小不合适，或者太大占据过多空间，或者太小难以体现中心主题。

二是关键词写到线条后面或下面，不易阅读。

三是线条笔直生硬，不够自然生动，或者长度太长浪费空间。

四是线条彼此之间没有正确连接在一起，丧失美感并影响阅读。

五是支干线条上关键词的字数太多，限制了思考的灵活度。

六是插图或与文字颜色相同，无法突显重点，或与文字内容不符，造成记忆干扰。

七是信息内容在分类与阶层化的时候顺序逻辑有误，影响创意产生以及记忆效果。

（2）使用误区。

一是认为会画画才能会画心智图。事实上，只要会思考，就一定会画心智图。因为心智图是思维的呈现延伸，就是把自己想到的内容，用图像、文字等形式展现出来。只要是自己画出来的图，无论美观与否，都会激发我们的思维潜能。

二是认为分支画得越细越好。实际上，分支非常细、非常多，也说明作者的归纳、总结能力弱。根据 7＋2 的原则，各级主题应尽量控制在 7 类以内。

三是认为使用现成的心智图更好。事实上，别人的思考永远无法替代自己的思考，只有用自己的手画出心智图，才能获得更好的效果。

四是把绘制心智图当作知识搬运。学习最主要的目的在于把书本上的知识内化到自己现有的知识体系中，因此需要按照自己的标准去重新整理。

五是把心智图作为一种工具，甚至只是作为一个软件。事实上，心智图更是一种思考和解决问题的思维方式。

五、学习心理辅导的重点内容

根据教育部《中小学心理健康教育指导纲要》（2012 年修订），在不同学段，学习心理辅导的内容各有侧重。如表 6－3 所示。

表 6－3　不同学段学生学习心理辅导的重点内容

学段	学习心理辅导的重点内容
小学低年级	初步感受学习知识的乐趣，重点是学习习惯的培养与训练
小学中年级	初步培养学生的学习能力，激发学习兴趣和探究精神，树立自信，乐于学习

续表

学段	学习心理辅导的重点内容
小学高年级	着力培养学生的学习兴趣和学习能力，端正学习动机，调整学习心态，正确对待成绩，体验学习成功的乐趣
初中年级	适应中学阶段的学习环境和学习要求，培养正确的学习观念，发展学习能力，改进学习方法，提高学习效率
高中年级	培养创新精神和创新能力，掌握学习策略，开发学习潜能，提高学习效率，积极应对考试压力，克服考试焦虑

第二节　学习心理辅导的实践活动

◆ 心理课例：让想象飞

主题背景

想象力是在大脑中描绘图像的能力。当然，我们所想象的内容并不单单包括图像，还有声音、味道等五感内容，以及疼痛和各种情绪体验等，这些都能通过想象在大脑中“描绘”出来，从而达到身临其境的效果。想象力是人的大脑的一种强大的功能，属于右脑的形象思维能力。高中生想象活动具有如下特点：高中生有意想象迅速发展；想象的创造性水平逐步提高，创造性想象日益占优势；想象的现实性增强。

活动目标

（1）认识到保护和发展想象力的必要性。

（2）在活动中充分发挥想象力，培养想象力。

重点难点

（1）重点：学会培养和发展想象力。

（2）难点：如何培养和发展想象力。

活动方法

讲授法、音乐想象法、讨论法、活动法。

活动准备

每组准备废旧报纸 20 张，塑料绳若干，透明胶带、双面胶带各一卷，剪刀一把，彩笔一盒，课件、视频、音乐等。

活动过程

1. 热身活动：放松（5 分钟）

教师播放轻音乐，引导学生放松。

参考引导语：请你摘下眼镜和手表，放到安全的地方。轻轻闭上你的眼睛……把你的身体调整到最舒适的状态……放松此刻的心情……抛开外在的一切压力和烦恼……非常棒……把注意力放到音乐中来……用心去听、去感受……去看看音乐中的世界……跟着音乐去旅行……想去哪就去哪……请你缓缓地睁开眼睛，活动下四肢，伸个懒腰。

提问：在音乐中你看到了什么样的景象？为什么这些景象没有出现在我们面前，我们却能看到呢？这是哪种神奇的力量？

教师过渡语：想象能让我们看到没有出现在面前的景象，也可以带我们去任何想要去的地方。这节课就让想象的翅膀带我们自由地飞翔吧。

2. 发展活动：播放视频（10 分钟）

观看《创造力和想象力》视频。

视频中的家长和孩子是怎么变成非彩色的，又是什么让他们恢复色彩的呢？

3. 主体活动：环保时尚秀（20 分钟）

（1）分发道具。将学生分成 5～10 人一组，然后发给每组一套材料，要求他们在 30 分钟内设计一套漂亮的环保时装。

（2）布置任务。要求每个组选出一个人来解释他们的环保时装的设计过程，比如创意、实施方法等。

（3）时装大秀。由每个组为本组设计的时装写出环保时装秀解说词。然后依次进行环保时装秀展示，展示过程中宣读解说词。

（4）评选表彰。由大家选出最有创意的、最具有美学价值的、最简单实用的环保时装。

（5）讨论分享。

参考问题：①回想一下你们的时装完成过程，有什么感想？②在设计时装的过程中是否存在不一样的想法？是否发生争执？如何解决的？③是否有同学非要按自己的想法去做，即使只有他自己想这样做？最后如何？④如果想更快、更好地完成这个活动，应该注意什么？

教师总结： 昨天的幻想是今天的现实，今天的幻想是明天的希望。只要我们在平时细心观察，善于思考，发挥想象，我们今天的想象一定能够变成现实。让我们一起张开想象的翅膀，在想象的王国里尽情地翱翔，创造更多奇迹吧！

学习心理辅导团体心理辅导方案

学习的本质就是人类个体不断自我超越使身心获得发展的活动，人类的学习随社会的发展而不断拥有丰富的内涵。“双减”之下，学生的自主学习更加受到关注。学生的时间管理能力、学习的品质、学习动机的高低都与学生学习的效果密切相关。因此，通过各种活动引导学生学会思维、学会进行有效的时间管理、保护自己的学习动机对促进学生的健康发展至关重要。

活动目标

（1）帮助学生认识左右脑思维的差异，培养学生的创造力。

（2）通过体验，帮助学生意识到时间的珍贵，懂得充分利用时间。

（3）通过活动，帮助学生养成良好的学习品质。

（4）通过活动，帮助学生认识“高原现象”，保护学习动机。

活动对象

高一年级。

活动形式及规模

活动分小组进行，每组 6～8 人。

活动时间及频率

每周 1 次，共 5 次。

活动准备

扑克牌、吸管、万字夹、玩具小桶、彩笔、每人一张学习品质交易表、数字卡、学习曲线表、塑料可乐瓶。

活动方法

绘画、游戏体验、讨论等。

活动内容

第一单元　思维转换

活动目的

（1）让学生通过画画体验从左脑思维切换到右脑思维。

（2）让学生感受左右脑思维的差异。

活动人数

每组 8～10 人。

活动时间

需要 30～40 分钟。

活动准备

每人两张白纸、一支笔，简笔画若干张。

活动过程

1. 热身活动：诺亚方舟

活动规则和程序：

● 学生围坐一圈，“诺亚”站在中央。

● 每个人为自己选一个想代表的动物。

●“诺亚”随意叫任何一种动物，被叫到的动物必须站起来跟着他走。“诺亚”也可以选择全部的动物。

● 当“诺亚”说：“洪水来了！”全体包括“诺亚”必须赶紧找个空位坐下，没有座位的那人则变成“诺亚”，原“诺亚”则变成该动物。

2. 主体活动：颠倒的画

（1）活动规则和程序。

● 教师给学生呈现准备好的简笔画，并告诉学生有一种比较简单的画画方法，可以用来体验左右脑思维切换。当人们看着一幅正放的物体进行画画时，你所使用的是你的左半脑。

● 让学生选出他们想要临摹的一幅简笔画，并在白纸上尝试画出。

● 画完后，拿出第二张纸，然后把自己临摹的简笔画颠倒过来，照此再临摹出一幅同样的画。

● 讨论交流。

参考问题：两幅画对你来说有什么不同？对于两次绘画，你有什么不同的感受？

（2）注意事项。

在讨论中同时穿插左右脑的相关理论知识。

作业

利用心智图，以目标为视角画出想要达成中长期学业目标所需要的努力和品质。

第二单元 时间管理

活动目的

帮助学生意识到时间的珍贵，懂得充分利用时间、节约时间。

活动人数

每组 8～10 人。

活动时间

需要 30～40 分钟。

活动准备

每组一套工具，包括两副扑克牌，60 支吸管，一盒万字夹，一个玩具小桶，一套“假水果”，一盒彩笔，一沓便笺纸。

活动过程

1. 分享上次活动作业

2. 热身活动：比比谁高

活动规则和程序：

● 每组两副扑克牌，一盒万字夹。在规定的时间内利用材料做一个物体，尽量把物体做得又高又稳固。

● 测量各组物体的高度。在测量前，要先用力拍一下桌子。做得最高的物体为胜。

● 在第二次活动时，教师将另外的材料吸管发给学生。规则同上次一样。

● 讨论分享。

参考问题：小组如何通过讨论进行创新？第二次创新和第一次创新有什么不同？

3. 主体活动：盆满钵满

（1）活动规则和程序。

● 每组一套道具。玩具小桶里一开始就已经放有半桶小水果。有几只大的水果模型可以代表幸福、金钱、机遇、朋友、旅游、爱情、事业、名誉、成就、快乐、目标、地位等。教师让学生自己协商在便笺纸上写下这些词语并贴在大的水果模型上。然后学生合作把大水果放进小桶中。

● 让每组学生描述整个过程。

● 按照事情的重要程度或所需时间长短，分别对自己每天都要做的事情进行排序，结合本次活动，看一下你平时做的顺序和你今天的排列是否一致。

● 讨论分享。

参考问题：能否把所有的大水果都放进水桶内？为什么？联系自身想到什么？

（2）注意事项。

● 指导语不要太详细，让学生自己在活动中体会活动的意义。

● 开始活动之前，教师已经把小水果放在小桶中了，能装大约半桶，这一步不能当着学生的面操作；教师一定要事先明白此活动的意义，小桶中已经有小水果了，再直接放大水果是放不下的，需要先将其倒出，把大水果放进去再放小水果。

作业

以学期、月、周、日为单位，分别列出要完成的事和时间表。

第三单元　学习品质交易

活动目的

（1）让学生明白什么学习品质对于学习是最为重要的。

（2）让学生了解自身的学习品质水平。

活动人数

不限。

活动时间

需要30～40分钟。

活动准备

每人一张学习品质交易表（见表6－4）。

表6－4　学习品质交易表

	个人原有学习品质得分	拟出售的品质及原因	拟购买的品质及原因	交易后的学习品质及得分
学习方法				
记忆力				
时间安排				
学习习惯				
学习计划				
自控能力				
创造力				
自信心				
不耻下问				
勤奋刻苦				

活动过程

1. 分享上次活动作业

2. 热身活动：解手链

活动规则和程序：

● 拉着身边人的手一起围成一个圈，然后松手，闭上眼睛，走乱，睁开眼睛。

● 再找到之前牵手的人，拉起手来形成一个结，大家一起来解开这个结。

3. 主体活动：品质交易会

活动规则和程序：

● 每人一张学习品质交易表。让学生把自己身上的这 10 种品质的价值在 10 元至 80 元之间标个价，可以是重复的价格，但必须是 10 的整数倍。

● 教师介绍以下背景资料。

学习品质交易表中的这些品质都是我们大家已经具备的，但是突然有一天，你发现自己身上的这些品质失灵了。要想重新启用，你必须使其中一个或两个你认为最重要的品质在你身上达到 100，为此你必须出售至少三个学习品质，来买进一个或两个你认为最重要的品质。你可以先买后卖，也可以先卖后买，但可买的价格不能超过你想出售的几种学习品质的价格和。

● 现在给大家 3 分钟的时间，思考一下自己准备出售和买进的学习品质及原因，并把各自的买卖的原因写在交易表上。

● 教师宣布在全班范围内开始交易。

要卖第一个品质的学生请举手，请依次报价，其他学生认真听，可以购买。

要卖第二个品质的学生请举手，请依次报价，其他学生认真听，可以购买。

…………

● 依次统计出各种学习品质有多少学生最想买进。请部分学生说明买卖的原因和收获。

● 讨论分享。

参考问题：①你想出售哪种品质？为什么？你卖出去了吗？②你想买进哪种品质？为什么？你买到了吗？

作业

总结自己身上具有的不完善的品质，并思考怎样发展和利用这些品质。

第四单元　挑战“高原”

活动目的

（1）帮助学生意识到学习中的“高原现象”，避免学习无力感的形成。

（2）鼓励学生发现学习的原则，保护学生的学习动机。

活动形式及规模

活动以班级、个人为单位进行，讨论时分小组，一般分为 3～4 个小组，每个小组 6～8 人为宜。

活动时间

大约需要 40 分钟。

活动准备

每人一张数字卡（见图6－3），一张学习曲线表（见表6－5），一支铅笔，一块橡皮，以及背景资料《学习上的高原现象》。

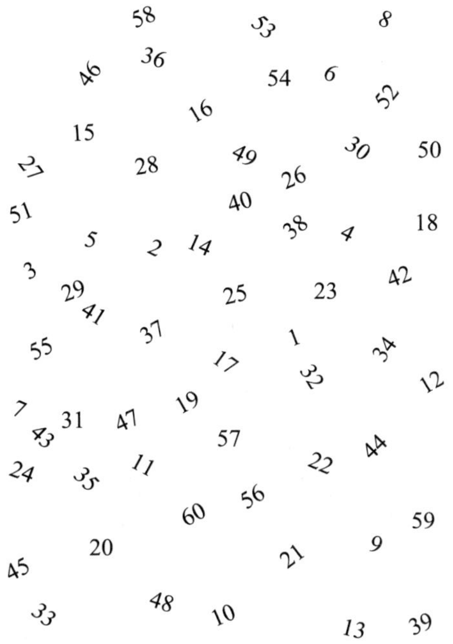

图6－3 数字卡

表6－5 学习曲线

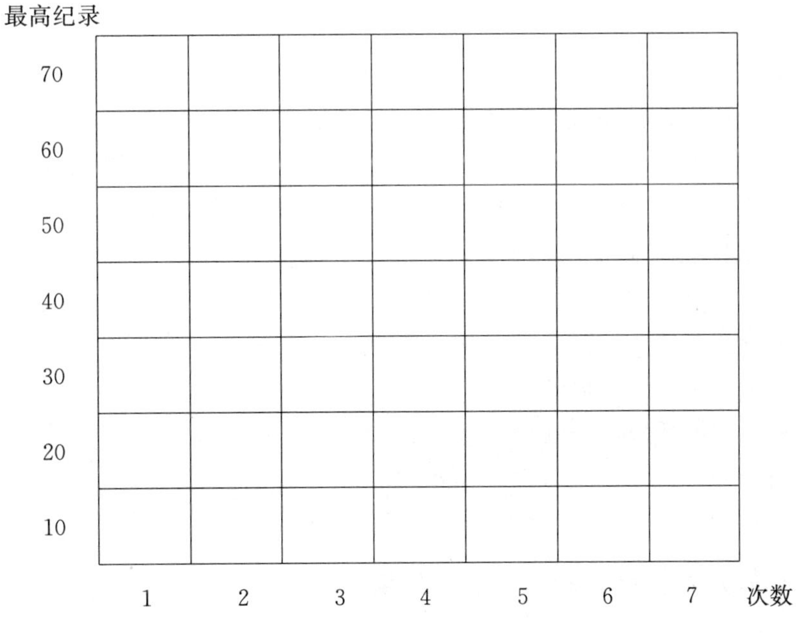

活动过程

1. 分享上次活动作业

2. 热身活动：立正

活动规则和程序：

● 将学生按上个单元的分组进行竞赛。

● 使用横排轮流的方式，从 1 开始，每一位同学轮到时坐着说出自己轮到的数字，但轮到的数字有 7（7，17，27，…）或者为 7 的倍数（7，14，21，28，…）时，该同学必须站起拍手，且不可说出此数字。尽量少说错并且快速地说数字。

● 进行比赛，直至时间到而停止，并奖励优胜组别。

3. 主体活动：找数字

（1）活动规则和程序。

● 将数字卡分发给学生，告诉大家将数字按由小到大的顺序找出来，从 1 到 2，到 3，到 4……直到说“停”，大家就一起停下来。

● 给学生 60 秒的时间，然后叫停。写下找到的最后一个数字（最大的一位数）。

● 重复这个程序 6 次或 7 次，每次都给学生 60 秒的时间。当学生完成之后，请他们将自己的成绩按先后顺序标在学习曲线图上，并将各点连成一线。

● 展示几个典型的学习曲线例子，有明显的上升区、下降区和学习停滞区。

● 讨论分享。

参考问题：①在进行这个练习时，你感觉如何？②是否每个人每次都能维持上升趋势？③我们常常会经历一个短暂或不明显的下降区或停滞区，这是由什么引起的？④如果出现上述的学习停滞区，我们应当如何理解这种情况并采取相应措施？

（2）注意事项。

● 分发数字卡时注意将卡片正面朝下放在桌上，并提醒学生先不要动卡片，以免提前看到上面的数字。

● 为节约纸张，可以请学生用铅笔填写，并在下课前用橡皮擦掉，以便下次继续使用。

作业

如何突破你在学习上的“高原”期？

第五单元　“用途无限”

活动目的

（1）通过相互交流，彼此启发，开阔视野，丰富想象力。

（2）通过头脑风暴，积极思考，科学选择，克服思维定式，激发创造力。

活动形式及规模

活动分小组进行，一般分为3～4个小组，每个小组6～8人为宜。

活动时间

大约需要40分钟。

活动准备

每组一个塑料可乐瓶、一张纸、一支笔，每人一张小卡片，音乐《我们是快乐的一家人》。

活动过程

1. 分享上次活动作业

2. 热身活动：跑得了，跑不了

活动规则和程序：

所有学生围成一个圆圈，左手摊开，右手伸出食指放在右边学生左手的虎口处。之后圆圈开始转动，教师带领着喊“1，2，3”“1，2，3”。随机喊出“4”时，所有学生必须用左手抓住其左边学生的右手食指，而自己的右手食指也不能被抓到。

3. 主体活动：用处无限

（1）活动规则和程序。

● 每组一个塑料可乐瓶，一张白纸，一支笔。

● 小组成员在10分钟内讨论：塑料可乐瓶可以有多少种用途？讨论结果记录在纸上。

● 全班交流。在交流的基础上，小组成员将可乐瓶用途归类。

（2）注意事项。

● 在头脑风暴中，要激发学生想象出各种各样的用途，不要有过多的约束和顾虑，在充分想象的基础上再做合理选择。

● 在整理用途时，要注意归类总结，尽可能丰富用途的类别，而不要只停留在一种类别中的多种答案上。如用于盛水、盛油、盛可乐、盛糖……看似很多答案，实际上都属于做容器这一种功能。

4. 结束阶段：我是一座宝藏

活动规则和程序：

- 在卡片上写下自己这些天的收获、付出的支持以及对未来的期许。
- 每人用一句话总结自己的收获并发言。
- 大家用大拇指相连聚成一个圆，告别这些天的陪伴。

拓展阅读

1. 吴增强．学习心理辅导．上海：上海教育出版社，2012.

本书全面介绍了学习理论、学习动机、学习策略、学习问题解决、学习困难学生的特点与类型、学习困难学生诊断与辅导、学习的社会心理因素等，并论述了学习困难问题的解决思路，具有较强的可操作性和理论的前瞻性。

2. 刘儒德．学习心理学．北京：高等教育出版社，2010.

本书从两大方面介绍了有关学习的新近研究成果：一方面是学习的认知、情感和行为过程，另一方面是学习的生物、个体和环境因素。全书由七部分共十五章组成，依次为导论（学习理论与学习科学）、学习与生物（学习与脑、学习与进化）、学习与认知（学习与注意、学习与记忆、学习与思维、自我调节学习、学习与迁移）、学习与情绪（学习动机、学习与情绪）、学习与行为（行为学习）、学习与个体差异（学习信念与学习风格、学习与特殊需要）以及学习与环境（学习与社会文化、学习与媒体）。

3. 冯忠良，伍新春，姚梅林，等．教育心理学．2 版．北京：人民教育出版社，2010.

本书从教育的系统论观点出发，科学阐述了学生学习的基本规律及其在教学领域的应用，从而使学生深入理解学习理论的发展演变、学生学习的主要规律、有效教学的促进原则等基本问题，树立起“以学论教”的教学观。全书在论述教育心理学的发展历史、研究对象和研究方法等科学问题的基础上，系统梳理了各种主要学习理论的发展演变历程，明确了学生学习的实质以及学习与个体发展的关系，全面阐发了学习动机、学习迁移、知识掌握、技能形成、社会规范接受等基本的学习规律以及教学设计原则与成效评估的方法。

4. 孙易新．思维导图应用宝典．北京：北京时代华文书局，2015.

本书作者总结了 20 多年来实际运用思维导图法的丰富教学经验，不仅提出更精进灵活的实用技巧，还阐述了思维导图法能增进心智思考模式的背景知识。书中丰富详尽的图片解说，与扎实的文字叙述相辅相成，读者可从各项操作定义中，逐一了解实务运用的原则、技巧与步骤。

反思助学

1. 试述刺激-反应学习理论的代表人物及主要观点。
2. 试述认知主义学习理论的代表人物及主要观点。
3. 试述人本主义学习理论的代表人物及主要观点。
4. 建构主义学习理论的主要观点有哪些？
5. 学习动机的影响因素有哪些？
6. 激发学习动机的方法有哪些？
7. 影响学习兴趣的因素有哪些？
8. 培养学习兴趣的方法有哪些？
9. 什么是心智图法？
10. 心智图法的使用误区有哪些？
11. 学完本章的心理课例，你有什么收获和感受？
12. 做完本章的团体辅导活动，你有什么收获和感受？

第七章

情绪辅导

内容概要

情绪情感给人们的生活增添了色彩。在所有的物种当中，人类显得最为情绪化，我们会更多地表达害怕、愤怒、悲伤、喜悦和爱。本章从基本理论和实践活动两个方面对情绪进行介绍。在基本理论部分，主要介绍情绪的含义、情绪理论、情绪管理和辅导重点。在实践活动部分，分别介绍管理情绪的一个心理课例和一个团体心理辅导方案。

知识概图

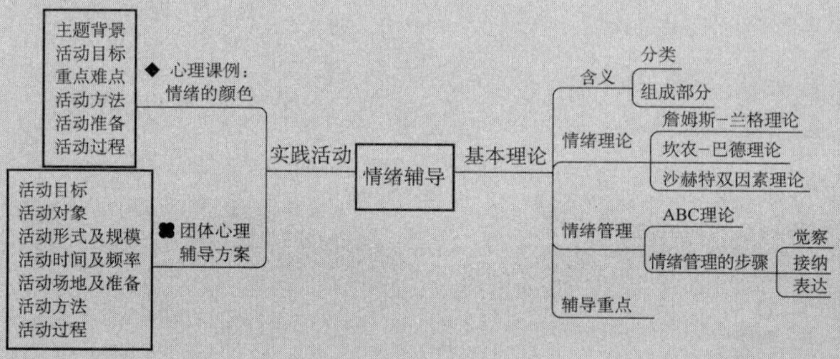

第一节　情绪辅导的基本理论

一、情绪的含义

情绪是对客观事物的态度体验和行为反应，为人和动物所共有。

（一）情绪的分类

关于情绪的类别，长期以来说法不一（王雁，2002）。我国古代有喜、怒、忧、思、悲、恐、惊七情说，美国心理学家普拉切克（R. Plutchik）提出了八种基本情绪——悲痛、恐惧、惊奇、接受、狂喜、狂怒、警惕、憎恨，还有的心理学家提出了九种类别。虽然类别很多，但一般认为有四种基本情绪，即快乐、愤怒、恐惧和悲哀。

快乐是指一个人盼望和追求的目的达到后产生的情绪体验。由于需要得到满足，愿望得以实现，快乐随之而生。快乐有强度的差异，从愉快、兴奋到狂喜，这种差异和所追求的目的与其对自身的意义以及实现的难易程度有关。如果一个学生取得了意想不到的好成绩，或得到了一贯严厉的老师的表扬，他就会感受到无比快乐。

愤怒是指所追求的目的受到阻碍，愿望无法实现时产生的情绪体验。愤怒时紧张感增加，有时不能自我控制，甚至出现攻击行为。愤怒有程度上的区别，强烈的愤怒情绪对人的身心的伤害也是明显的。如果一个学生受到了极不公正的待遇，他就会感受到巨大的愤怒和不平。

恐惧是企图摆脱和逃避某种危险情境而又无力应付时产生的情绪体验。恐惧的产生不仅仅由于危险情境的存在，还与个人排除危险的能力和应付危险的手段有关。一个初次出海的人遇到惊涛骇浪会感到无比恐惧，而一个经验丰富的水手对此已经司空见惯，就能泰然自若。

悲哀是指心爱的事物失去时，或理想和希望破灭时产生的情绪体验。悲哀的程度取决于失去的事物对自己的重要性和价值。

情绪可以分为积极情绪和消极情绪。积极情绪可以帮助人们拓展认知范围，建设个人资源，促进身心健康。

超级链接

增加积极情绪的方法

1. 体验真诚

不真诚的积极情绪，是伪装的消极情绪。

用心去看见、聆听、闻到、从内心感受到的积极情绪才是真的。它们不仅会给你一时的美好感受，还能累加，直到改变你。

2. 找到生命的意义

在日常活动中找到积极的意义，即使是再小的行动，比如对他人微笑，逐渐积累，也能增加生命的意义。

3. 品味美好

从好事中寻找好的方面，不用过度分析它为什么给你好的感觉，只要沉浸其中。最简单和有用的方法是：养成和爱人、亲人、朋友分享好消息的习惯。

4. 计算善意

善意和积极情绪相辅相成，只要认识到自己的善意举动，就能启动良性循环，增加积极情绪。比如多帮助他人、尝试做志愿者等。

5. 追随激情

给自己玩乐的权利，找到让你全神贯注投入的心流体验。可以是画画、做美食、游泳等，只要是你能专注并感到愉悦的体验。

6. 梦想未来

详细具体地构想未来，让你每天的行为与你的未来目标一致。

7. 利用优势

咨询对你很熟悉的人，让他们描述最佳状态时的你，想一想你最擅长做什么，发掘你的个人优势，并努力应用这些优势，这能持久地提升积极情绪。

8. 和他人在一起

无论你是外向还是内向的人，都可以培养对他人的关爱，尝试从社会交流中吸取更多的积极情绪。

9. 享受自然

研究表明，好天气时在户外待20分钟以上的人，积极情绪更多，思维也更开阔。

10. 打开心灵

对美好保持开放的态度，只去接受，不用分析美好是怎么来的。把无端或随机的善举当作随机的馈赠来接受。

（芭芭拉·弗雷德里克森，2010）

（二）情绪的组成部分

情绪是一个混合物，由三个部分组成，即生理唤醒、外显行为、意识体验，包括思维和情感。情绪来自生理唤醒、外显行为、意识体验的相互作用。对这种相互作用存在着先有鸡还是先有蛋的争论，一个是生理唤醒和情绪体验孰先孰后，一个是认知和情绪孰先孰后。对这两个问题不同的认识构成了不同的情绪理论。

二、情绪理论

（一）詹姆斯-兰格理论

詹姆斯-兰格理论的基本观点是，情绪刺激引起身体的生理反应，而生理反应进一步导致情绪体验的产生。

威廉·詹姆斯认为，我们感到伤心是因为我们哭泣，生气是因为我们颤抖，恐惧是因为我们战栗，而并不是因为我们伤心、生气或者恐惧才哭泣、颤抖或战栗。例如，当我们在路边看到一只狗熊，我们的第一反应是迅速逃走，当逃命这一动作发生之后我们才逐渐感到出冷汗、心跳加快等身体症状，于是感受到了恐惧。有很多事实支持这一理论，例如，很多强烈的情绪表现和身体反应是可以一一对应的，有些病人的脊椎意外受损，于是他们的自主神经系统的反馈被切断，对他们的观察发现了情感强度的减弱。詹姆斯更进一步提出，我们因为哭泣而感到伤心，当我们停止哭泣时，这种悲伤就会逐渐减轻。詹姆斯的观点得到了丹麦心理学家卡尔·兰格（Carl Lange）的认同，所以被称为詹姆斯-兰格理论。

但这个理论也有解释不了的地方，例如，在身体反应消失之后很久，恐惧感依然无法消除，正如“一朝被蛇咬，十年怕井绳”。更有相反的事实证明，很多强烈的情绪和感觉是在身体有反应之前发生的。实际上，不同的情绪反应可能有相同的神经生理变化；但有时候相同的生理反应也会有不同的情绪体验。因此，生理反应和情绪体验并不是一一对应的。

（二）坎农-巴德理论

沃尔特·坎农（Walter Cannon）认为，身体反应不足以明显地唤起不同的情绪。他和之后的另一位生理学家巴德（P. Bard）一致认为，生理唤醒和我们的情绪体验是同时发生的：一个唤起情绪刺激到达大脑皮层，引起了主观的情绪体验，同时又下传至交感神经，导致机体的唤醒。

（三）沙赫特双因素理论

沙赫特认为，情绪有两个成分：生理唤醒和认知标签。我们所经历的情绪状态，很大程度上取决于认知标签，即我们的大脑做出的决定——大脑认为这是恐惧，它就是恐惧。就好比我们遇到一个陌生人，我们先要对这个人进行一系列了解，然后才能判断这个人到底是好人还是坏人。我们首先感受到生理性的情绪变化，然后从大脑中寻找一个标签去定义这个情绪，这一过程往往受到我们正在做的事情和此时的环境因素的影响。因此，我们并不仅仅感受到恐惧、喜欢、悲伤，我们还试图去理解这种情绪。例如，一个人心跳加快，脸发红，手发抖，我们说他感受到了紧张。若这种情况是由于这个人在草原上独行时遇到了一匹狼，那么他感受到的这种紧张情绪是恐惧；若是由于他看到自己一直暗恋的异性正在向他露出甜蜜的微笑，那么他感受到的这种紧张情绪则是激动和欣喜。

图 7-1 很好地说明了前述三种理论的区别（戴维·迈尔斯，2013）。

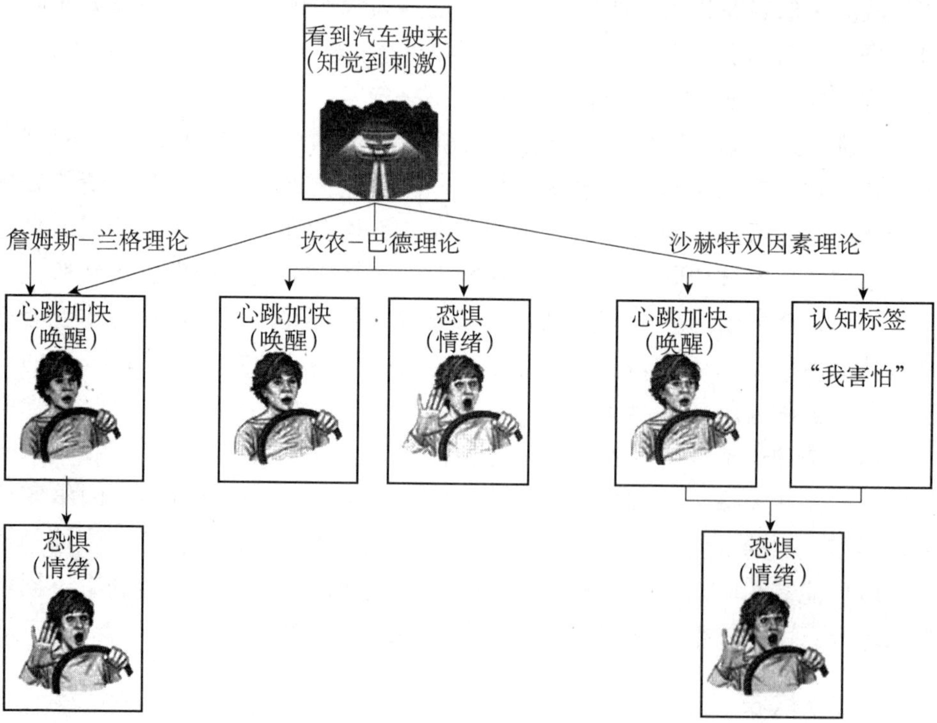

图 7-1 三种情绪理论

三、情绪管理

（一）ABC 理论

美国心理学家阿尔伯特·艾利斯（Albert Ellis）提出的 ABC 理论是最经典的情绪管理理论。

ABC 来自 3 个英文单词的首字母。在 ABC 理论的模型中，A 是指诱发性事件（activating events）；B 是指个体在遇到诱发性事件之后产生的信念（beliefs），即他对这一事件的看法、解释和评价；C 是指在特定情境下，个体的情绪及行为的结果（consequences）。

ABC 理论的要点是，情绪不是由某一诱发性事件本身引起的，而是由经历了这一事件的个体对这一事件的解释和评价引起的。

通常认为，诱发性事件 A 直接引起反应 C。事实上并非如此，在 A 与 C 之间有 B 的中介因素。A 对于个体的意义或是否引起反应受 B 的影响，即由人们的认知态度、信念决定。例如，对一幅抽象派的绘画，有人看了非常欣赏，产生愉快的反应；有人看了感到这只是一些无意义的线条和颜色，既不产生愉快感又不厌恶。画是诱发性事件 A，但引起的反应 C 各异，这是由于人们对画的认知评价 B 不同。

ABC 理论后来又进一步发展。既然不是 A→C，而是 A→B→C，那么辅导介入的重点在于干预 D（disputing intervention，指劝导干预，与不合理的信念辩论，驳斥当事者的消极的、自我破坏的、不合理的信念）。假如当事者能因此采取合理的思考方式，则干预产生效果 E（new emotive and behavioral effects），从而使个人体验新的感觉 F（new feeling），也就是扩展为情绪治疗的 ABCDE 模式。如图 7－2 所示。

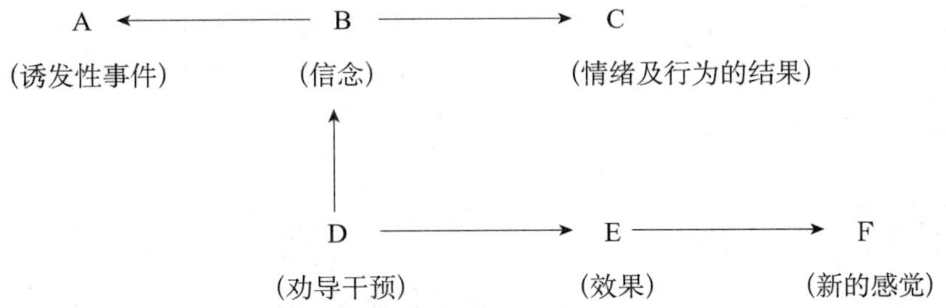

图 7－2　情绪治疗 ABCDE 模式

（二）情绪管理的步骤

1. 觉察

要管理情绪，首先要能觉察到情绪，即当自己的某种情绪刚出现时便能够察觉自己的情绪是什么。是愤怒？是焦虑？是忧伤？是委屈？是失落？……一个人如果不具有这种对情绪的自我觉察能力，或者说认识不到自己的真实的情绪感受，就容易让自己听凭情绪摆布，以致做出许多深感遗憾的事情来。

例如，当你因为朋友约会迟到而对他冷言冷语时，问一下自己："我为什么这么做？有什么感觉？"如果你觉察到自己是因为朋友三番两次迟到而感到生气，你就可以更好地管理自己的情绪。

为了觉察自己的情绪，可以时时提醒自己注意："我的情绪是什么？"

2. 接纳

超脱并不是说不投入到生活中，相反，你应该完完全全地投入进去，然后你才走得出来。接受所有的感情——对女人的爱恋，对亲人离去的悲伤，或由疾病而引起的恐惧。如果你逃避这些感情——不让自己去感受、经历——你就永远超脱不了，因为你始终恐惧，你害怕痛苦，害怕爱必须承受的感情伤害（米奇·阿尔博姆，1998）。

对于自己的情绪，无论是正面的还是负面的，无论是积极的还是消极的，都要学会心平气和地去接纳。许多人认为"人不应该有情绪"，因此不肯承认自己有负面的情绪。其实，人一定会有情绪，压抑情绪反而会带来更不好的结果。很多时候人的痛苦并不是来源于情绪本身，而是来源于对情绪的抵触。

健康的情绪不是指时刻处于阳光状态，而是指一个人所表现出来的情绪与他所遇到的事件呈现出一致性。如果你失恋了，伤心是正常的；如果你遇到抢劫，有恐惧感是正常的；如果你被误会了，愤怒是正常的。

因此，当你的情绪体验符合客观事件时，面对那些负面的情绪，要第一时间暗示自己：我现在的情绪是正常的。这样一暗示，情绪紧张程度就会下降，内心就能慢慢恢复平静。

超级链接

负面情绪的正面意义

人生中出现的各种负面情绪，除了"恨"，都有其正面的价值和意义，不是给我们一些力量，就是指引我们找寻更好的方向，有些甚至二者俱备。以下是常见的负面情绪的正面价值和意义。

1. 愤怒

给我们力量去改变一种不能接受的状况。电影中的人物警告对方不要激怒他，否则“什么事情都做得出来”，便是最好的例证。世人最大的错误是企图运用愤怒带来的力量去改变外面的人和事物，这当然不会成功。这样的人以为需要更大的力量，于是变得更愤怒。用愤怒带来的力量改变自己，这才是突破的方向。

2. 痛苦

指引我们去寻找一个摆脱的方向（继续这样做会继续痛苦）。痛苦可分为生理和心理的痛苦，但意义是一样的。如果把手放在火上感觉痛苦，手会拿开，直到痛苦消失为止。因此，痛苦给人动力，没有它，人便不会改变和突破。在有痛苦的两人关系中，感到痛苦的人就是该做出改变的人！

3. 焦虑、紧张

出现这些情绪，表明事情很重要，需要额外的专注和照顾。同样也指引我们找寻方向。焦虑、紧张常常跟本人对自己的身份定位搞不清楚或者本人与系统的关系不清晰及误解有关。

4. 困难

指引我们去量化需要付出的代价比可收到的回报更大。很少人注意到困难也是一种情绪感觉，它也指引方向。对于困难，只要清晰地量化需要付出的和可收回的，便能马上改变这种感觉。咨询师应当注意，处理这种情绪的目的并不一定是使来访者去做某一件事，而是使他多一份“可以做这件事”的选择。

5. 恐惧

指引我们找出原以为需要付出却不必付出的代价。恐惧指引我们去找出原以为需要付出的代价是什么并思考可以做些什么使自己不必付出这些代价。与困难一样，处理这种情绪的目的并不一定是使来访者去做某一件事，而是使他多一份“可以做这件事”的选择。恐惧是维持动物生存下去的第一重要工具，人活着不能也不应该完全没有恐惧。勇气并不是没有恐惧。真正的勇气是，虽然有恐惧，但还能继续走下去。

6. 失望

失望可分为两种，即对他人、事物的失望和对自己的失望。对他人、事物的失望必然来自想控制他们的企图，无法如愿便失望了。对自己的失望来自不接受自己，“接受自己”就是解决的方向。因此，失望也是指引方向的情绪。

7. 悲伤

从失去里获得力量，能使我们更珍惜自己仍然拥有的，包括记忆。“珍惜”的意思是妥善运用。因此，悲伤既指引方向，亦给予力量。

（李中莹，2014）

3. 表达

对于自己的情绪，要学会恰当地表达。中国人表达情绪的时候，大多是在发泄，所以伤己伤人，妨碍沟通。

比如经常有人会这么说："你这次成绩这么差，让老师伤透了心！"言外之意就是老师的情绪很不好，这完全是学生造成的。这样的表达方式相当于告诉学生：因为你的成绩很差，所以老师很伤心。学生们听到这样的话会怎么做呢？他们可能会带着愧疚的心情，为了取悦老师而努力学习，而不是发自内心地热爱学习。当学生发自内心地热爱学习时，就会有较高的学习效率。如果为了取悦老师或避免惩罚而学习，则不能长久。或者虽然能坚持下来，却不利于他们的心理健康成长。

健康地表达自己的情绪，在语法结构上，一般使用"我"来开头，后面是自己的情绪和感受的具体内容。比如："我感到很生气。""我感到很伤心。"这样表达的要点是，我们只是表达自己的情绪和感受，而不是去指责对方。更重要的是我们一定要认识到，感受的根源在于我们自己（石建军，2015）。

心理学家阿伦·贝克（Aaron Beck）和阿尔伯特·艾利斯认为，我们的感受源于我们对事情的认识和看法。当我们对事件持积极的认识时，我们会有积极的感受，反之则会有消极的感受。

马歇尔·卢森堡（Marshall Rosenberg）认为，我们的感受源于我们的需要和愿望是否得到满足。当我们的需要和愿望得到满足时，我们会有高兴愉悦等类似的感受，反之则会有伤心难过等类似的感受。

其实这两种看法并不矛盾，只不过是从不同的角度来阐述。总之，我们的感受源于我们自身，和外在的事件没有任何关系，和他人也没有任何关系。意识到并理解这一点，我们就可以做到不以物喜，不以己悲，就可以实现我的情绪我做主，真正成为自己情绪的主人。

四、情绪辅导的重点内容

根据教育部《中小学心理健康教育指导纲要》（2012 年修订），在不同学段，情绪辅导的内容各有侧重。如表 7-1 所示。

表 7-1　不同学段学生情绪辅导的重点内容

学段	情绪辅导的重点内容
小学低年级	使学生有安全感和归属感，初步学会自我控制
小学中年级	引导学生在学习生活中感受解决困难的快乐，学会体验情绪并表达自己的情绪

续表

学段	情绪辅导的重点内容
小学高年级	帮助学生克服学习困难，正确面对厌学等负面情绪，学会恰当地、正确地体验情绪和表达情绪
初中年级	鼓励学生进行积极的情绪体验与表达，并对自己的情绪进行有效管理，正确处理厌学心理，抑制冲动行为
高中年级	促进人际的积极情感反应和体验

第二节 情绪辅导的实践活动

◆心理课例：情绪的颜色

主题背景

随着青春期的到来，高中生在生理上出现了急剧的变化，但心理水平尚处于从幼稚走向成熟的过渡时期。处于这个时期的学生在情绪上表现出明显的两极性和矛盾性。要引导高中生正确地表达情绪，并增强积极的情绪体验。

伴随着学习生活范围的扩大以及自我意识的高度发展，高中生的情绪越来越丰富和多样，随之而来的情绪问题也较为普遍。尽管高中生的情绪内容以积极的情绪体验为主，但在学习压力和人际交往等方面产生的负面情绪，如果处理不当便会对高中生的学习产生不良影响。部分高中生对负面情绪持有不科学的态度，认为负面情绪一定是坏的，有不利影响，倾向于压抑自己正常合理的情绪。

活动目标

（1）感受以往经历过的各种情绪，增强对情绪的觉察、识别和表达能力。

（2）体会负面情绪给自己生命带来的提醒，挖掘负面情绪在自身成长过程中发挥的作用，认识到负面情绪积极的一面。

（3）通过整合创作，重新整理以往各种情绪产生的影响，学会接纳和拥抱生命中各种不同的情绪，塑造更好的自己。

重点难点

（1）重点：学会接纳和拥抱生命中各种不同的情绪。

（2）难点：挖掘负面情绪在自身成长过程中发挥的作用，认识到负面情绪积极的一面。

活动方法

艺术创作、小组分享等。

活动准备

五彩毛根、彩色卡纸。

活动过程

1. 导入活动：我的情绪底色（4 分钟）

（1）教师分享自己当下的心情并用彩色卡纸表达情绪，继而引导学生对自身的情绪状态进行觉察。

（2）教师请两到三位学生来分享自己的心情。

教师过渡语：通过大家的展示和分享，我们看到了当下同学们情绪的丰富多彩。我想在我们的生命过往中一定还经历过其他不一样的情绪。接下来请同学们拿出手上的情绪探索卡，让我们共同来寻找不同的情绪。

2. 觉察不同的情绪（9 分钟）

引导学生结合具体情境觉察在什么情况下会有怎样的情绪，将探索到的情绪写下来并在小组和班级内分享。（在分享时提醒每一位学生要尊重并保护伙伴的情绪。）

教师过渡语：通过分享，我们会发现我们每个人的生命故事是如此不同，大家的情绪也是丰富多彩的。这些五光十色的情绪，曾经带给你什么样的感受呢？或者说它们在你的成长过程当中赋予了你怎样的力量呢？接下来，我们要为每一种情绪赋予一种颜色。

3. 我的情绪图形（6 分钟）

（1）以五彩毛根为媒介，学生为觉察到的每一种情绪赋予一种颜色。

（2）结合自己的感受为每一种情绪塑造属于自己的情绪图形。

（3）小组内分享情绪作品。

教师过渡语：同学们，在这些情绪的图形里面有没有一些情绪是让你感觉还不错的？有没有一些情绪其实是你不希望它存在的？

4. 接纳不同的情绪（13 分钟）

（1）学生用心感受不同的情绪，将自己生命过往中的这些情绪图形拿在手上，并为它们起可爱的乳名。

（2）觉察探索。

那些让你感觉还不错的情绪带给了你怎样的力量？它会鼓励你继续做些什么去应对接下来的学习生活挑战？

______，你的到来带给我______________________________，接下来我会______________________________（具体可操作的行动），谢谢你！

那些你并不情愿产生的情绪给了你怎样的提醒？经由这份提醒，今后你会做出什么改变？

_______，你的到来提醒我________________________________，经由这份提醒，我会_______________________________________（具体可操作的行动），谢谢你！

（3）将探索到的力量和提醒写在纸上，小组内充分交流分享，每组派一位代表在班级内做智慧分享。

教师过渡语：通过分享我们发现，原来我们生命过往中的这些情绪，无论我们希不希望它们发生，它们都在那里。可是当我们带着新的眼光再去看的时候，会发现它们背后蕴藏着积极的力量。尤其是那些我们不希望产生的情绪，其实给了现在的我们一份提醒，让我们有机会做出一些改变，能够更加从容地迎接未来人生的挑战。今天，我们就有机会重新决定这些心情带给我们的影响。想想看，我想要的是什么？接下来是整合创作的时间。

5. 迎接更好的自己（13 分钟）

（1）整合创作：将所有的情绪图形整合创作为一个作品，将其放在刚刚进入课堂时的情绪底色上，塑造出一个更好的自己，并为作品命名。

（2）作品分享交流：将作品在小组内和班级内展示交流。

分享：从刚刚的创作历程到现在，你体验到的是什么？你的作品如何代表了更好的自己？

结束语：感谢大家的陪伴。让色彩斑斓的更好的自己，开启新的视角，左手带着力量，右手带着提醒，踏上更加灿烂的人生旅程！

温馨提示：情绪并无好坏之分，但我们习惯于将情绪分为正面情绪和负面情绪，这样的划分容易使学生对负面情绪产生偏见，倾向于隐藏和回避那些给自己带来负面感受的情绪。高中生的情感表达具有“文饰性”特点，在公众场合，能否自由地表达、分享真实的情绪与感受，教师又能否正确地引导同学们尊重和保护他人的情绪始终是本节课面临的挑战，这需要教师有深厚的心理学素养，并加强对课堂各环节的组织和关注。

情绪管理团体心理辅导方案

活动目标

（1）学生学会觉察自己和他人的情绪。

（2）学生认识到情绪对于生命的意义，接纳自己的各种情绪。

（3）学生学会合理地表达情绪，找到适合自己的情绪调节方法。

活动对象

高中生。

活动形式及规模

依据活动内容在大团体中或分小组进行，一般分为 3～4 个小组，每个小组 6～8 人为宜。

活动时间及频率

半天，一次完成，共 3 课时。

活动场地及准备

（1）场地准备：有活动桌椅的团体活动室。

（2）材料准备：五彩卡纸、水彩笔、双面胶。

活动方法

体验活动、小组讨论、艺术创作。

活动过程

1. 创始阶段（3 分钟）

（1）活动名称：你做鬼脸我不笑。

（2）活动目的。

活跃现场气氛。

（3）活动规则。

请一位同学面向大家做鬼脸逗大家笑，大家尽量忍住不笑，被逗笑者要担任下一位做鬼脸者。

（4）注意事项。

可以采用一对一方式进行，要鼓励所有勇敢进行表演的人，以营造快乐的氛围。

2. 转换阶段（20～30 分钟）

（1）活动名称：情绪传染。

（2）活动目的。

帮助学生意识到情绪是可以传染的，让学生多一些快乐的情绪。

（3）活动规则和程序。

第一轮

所有人围成一圈闭上眼睛，教师随机拍一下某个学生的后背，确定“情绪源”。

告诉学生现在是一个宴会，学生可以睁眼，在屋里任意走动和交谈。

“情绪源”的任务就是通过眨眼睛的动作将不安的情绪传递给屋内的其他三个人，而任何一个获得眨眼睛信息的人都要将自己当作已经受到不安情绪感染的人，一旦被感染，他的任务就是向另外三个人眨眼睛，将不安的情绪再次传染给他们。

5分钟以后，让学生们都坐下来，让“情绪源”站起来，接着是那三个被他传染的人，然后是被那三个人传染的人，依此类推，直到所有被传染的人都站了起来。

第二轮

告诉学生们，你已经找到了防止不安情绪传染的有效措施，那就是制造“快乐情绪源”，即用真诚微笑来冲淡大家因为不安而产生的阴影。

让大家重新坐下围成一圈，并闭上眼睛，告诉大家你将会从他们当中选择一个学生作为“快乐情绪源”，由他通过微笑将快乐传递给大家，任何一个得到微笑的人都要将微笑传递给其他三个人。

在学生的身后转圈，假装指定了“快乐情绪源”，实际上你没有选择任何人。然后让学生睁开眼睛，并声称游戏开始。

自由活动3分钟以后，让他们重新坐下来，并让收到快乐信息的学生举起手来，然后让大家指出他们认为的“快乐情绪源”。

告诉大家实际上根本就没有指定的“快乐情绪源”，是他们的快乐感染了他们自己。

相关讨论

不安和快乐哪一个更容易传染？在第一轮中，当你被传染了不安的情绪时，你是否会真的感觉到不安，你的举止动作会不会反映出这一点？第二轮中呢？

在游戏的过程中，你对于别人要传染给你不安的预期，导致你真的开始不安；同样，你想让别人对你微笑，促使你接受和给予微笑。在日常的生活和工作当中，你是否会遇到这种事情？

在一个团队里面，某个人的情绪是否会影响其他人，是否会影响团队的工作效率？为了防止被别人的负面情绪影响，你需要做什么？

（4）注意事项。

● 在第一轮确定“情绪源”时，注意尽量不要让第三者知道这个“情绪源”是谁。

● 在第二轮请大家指认“快乐情绪源”时，为避免出现无人指认的情况，教师可以微笑着与学生进行交流，用自己的快乐情绪带动学生。

3. 工作阶段

活动一：发现快乐

（1）活动目的。

让学生明白只要我们善于发现，生活中到处充满快乐。

（2）活动时间。

需要30～40分钟。

（3）活动规则和程序。

● 请学生回想最近两周令自己开心的事件，在纸上列出自己的“快乐清单”，每人至少列出10项。

● 请部分学生读出自己的快乐清单。

● 小组脑力激荡法：大家开动脑筋再尽可能多地寻找快乐，每个小组请一位学生做记录，完成小组的快乐清单。

● 以小组为单位读出小组的快乐清单。

活动二：觉察愤怒

（1）活动目的。

● 帮助学生认识愤怒的整个过程，包括事件、愤怒时的生理和行为现象，以及愤怒对个人的影响。

● 帮助学生恰当地表达愤怒，学会盛怒时自我控制。

● 使学生认识到，愤怒是可以表达的，压抑不是最好的办法，帮助学生学会恰当地表达愤怒的方法。

（2）活动时间。

需要30～40分钟。

（3）活动规则和程序。

● 请学生回忆最近发生的最令自己愤怒的事件，试着把自己的情绪引发出来，按要求用笔写在纸上。

①描述自己当时愤怒的表情和动作。

②描述自己愤怒时的生理感觉，如心跳加速、呼吸急促、脸热、眼睛圆睁、头皮发紧、流泪等。

③表达自己愤怒时的内心感受，如“我被愚弄了！”“他（她）太过分！”“这简直是厚颜无耻的做法！”等。

④写下自己愤怒时的行为反应，如骂人、摔东西、打人、痛哭、咬紧牙关、硬忍、强迫冷静等。

⑤写下自己做出愤怒反应后自己和对方的感受。

● 小组分享。学生自愿表达自己写的内容。

● 让学生阅读“踢猫效应”故事（见图7-3）。

● 交流讨论。

参考问题：①什么样的愤怒反应是恰当的？②“踢猫效应”故事中愤怒的表达方式好不好？为什么？③压抑愤怒情绪好不好？可不可以把激烈的愤怒情绪表达出来？为什么？④宣泄愤怒情绪应注意什么问题？⑤你以往对愤怒的处理方式是否恰当？为什么？

● 集体讨论愤怒处理的方式有哪些，小组汇总后，全班讨论并评选最佳的五种愤怒处理方式。

什么是"踢猫效应"

踢猫效应是指对弱于自己或者等级低于自己的对象发泄不满情绪而产生的连锁反应。

心理学上的"踢猫效应"， 即人的不满情绪和糟糕心情，一般会沿着等级和强弱组成的社会关系链条依次传递。由金字塔尖一直扩散到最底层，无处发泄的最弱小的那一个元素，则成为最终的受害者。

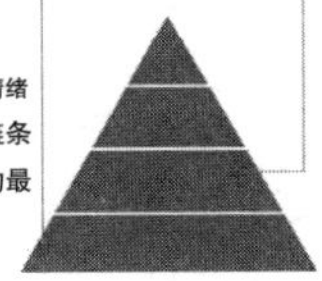

"踢猫效应"是如何产生的?

图7-3 踢猫效应

（4）注意事项。

分享愤怒事件时，鼓励学生自愿表达分享，切不可强制，以免给学生制造新的愤怒。

活动三：情绪整合

（1）活动目的。

● 学生觉察、表达和分享生活中的压力、难过、快乐和希望等情绪事件。

● 学生通过艺术创作整合各种情绪，认识到情绪对于生命的意义，学会接纳各种情绪。

（2）活动时间。

大约需要 90 分钟。

（3）活动准备。

十二色卡纸围圈摆放在场地中央（纸张数量不应少于团体人数的 4 倍），水彩笔（每 3～4 人可共用 1 盒），双面胶若干。

（4）活动规则和程序。

● 学生觉察表达当下的心情。

全体成员围圈而坐，在面前的各色卡纸中选择一张代表自己当下的心情。

每一位同学在小组里寻找一位卡纸颜色跟自己的相同或相近的伙伴，分享当下的心情。

相邻的两个小组合并为一个大组，再一次进行分享。

● 学生表达和分享生活中的“压力”和“难过”。

全体同学围圈安静坐下来，播放轻音乐，教师用柔和的语言引导学生呼吸放松。

让学生去觉察最近正在经历的压力事件，然后选择一张卡纸代表“压力”，并为“压力”塑造一个形状。

把“压力”拿在手上，全体成员进行视觉分享。视觉分享结束后，把“压力”放下。

教师引导学生觉察经历的难过的事情。学生选择一张卡纸代表“难过”，并为“难过”塑造出一个形状。

把“难过”拿在手上，全体成员进行视觉分享。

教师邀请学生带上“压力”站起来，把“难过”举起来，把“压力”放下（放低），去寻找“难过”颜色跟自己的相同或相近的伙伴，2～3 人组成一组。

小组分享“难过”和“压力”。同学们可以自由决定要分享多少，不一定要讲事件，可以只分享感受，每人 2 分钟。

● 学生表达和分享生活中的“快乐”和“希望”。

同学们回到自己原来的位置坐下，将“难过”和“压力”暂时都放下。

教师再一次引导呼吸放松，让学生觉察自己感到快乐或满足的事件，选择卡纸来代表“快乐”，并为“快乐”塑形，之后进行视觉分享。

同学们选择一张卡纸代表“希望”或“盼望”，并为“希望”塑形。每个人高举自己的“希望”，全班进行视觉分享。

就近三人组成一组去分享自己的“快乐”和“希望”。每人 2 分钟。

● 在大团体中视觉分享艺术作品。

每个人回到大团体中，将自己的心情底色、“压力”、“难过”、“快乐”、“希望”依次摆放在面前。全体成员绕圈走动进行视觉分享。

● 将四种情绪进行整合创作。

每位同学将“压力”“难过”“快乐”“希望”四种心情整合创作为一个作品，并将其放在心情底色卡上。

可以改变每一种心情的大小、形状和位置，但是所有的心情都要放进去。

可以借助水彩笔进行绘画创作，完成后为作品命名，创作时间为 15 分钟。

● 分享整合后的作品。

同学们将作品放在地上，全体成员进行视觉分享。

每一位同学在大团体中选择一位跟自己的作品有相同元素的伙伴，两两互相分享自己的作品以及在作品创作中的感受。

带领者邀请 2～3 位同学在大团体内分享自己的作品。

4. 结束阶段

活动规则和程序：

● 邀请 3～5 位同学分享今天活动后的感悟和收获。

● 每一位同学用自己的方式去感谢旁边的伙伴，并为伙伴送上祝福。团体活动结束。

拓展阅读

1. 傅小兰．情绪心理学．上海：华东师范大学出版社，2016.

本书基于认知心理学和认知神经科学的视角，系统展示当前国内外情绪心理学研究的全貌和最新进展，探究情绪本质规律，分析现实生活行为。全书共分 14 章，从情绪理论、情绪成分、情绪发展、情绪与认知、情绪与疾病等方面阐释情绪心理学的学科体系。既深入阐释情绪理论、情绪成分和情绪发展等基础性问题，又详尽介绍了情绪的研究方法，以及情绪对人类社会行为的广泛影响。

2. 刘易斯，哈维兰-琼斯，巴雷特．情绪心理学．3 版．南莎，译．北京：电子工业出版社，2015.

本书被公认为该领域内的标准参考资料，作者全面详尽地展示了情绪的各个方面及其在人类行为中的作用，介绍了主要的理论、调查结果、方法及应用，用生物学揭示了情感过程的界面，阐述了儿童发展、社会行为、人格、认知及生理、心理健康。用科学观点介绍了恐惧、愤怒、羞愧、厌恶、悲伤和其他不同的情绪。

3. 格罗斯．情绪调节手册．桑标，马伟娜，邓欣媚，等，译．上海：上海人民出版社，2011.

情绪调节不仅是当今心理学研究的前沿领域之一，同时也渗透于个体生活的每个角落，与每个人息息相关。本书为有意了解情绪、情感与自我调节的读者和从事该领域研究的科研人员提供了非常丰富的知识和资源。读者除了可以从书中获得有关“何种情绪调节策略为合适且具有适应性的调节?”这个核心问题的信息，还能就情绪调节的神经生理机制、与情绪调节有关的认知加工过程、情绪调节所涉及的社会性因素等获得前沿与权威的解答。本书是迄今为止世界上最权威、内容最丰富、全方位反映情绪调节领域研究发展与动向的著作。

4. 周雅．积极心理学丛书：积极的情绪．南京：江苏凤凰教育出版社，2014.

在最近二十年的科学研究中，积极情绪的扩展与建构效应已被反复验证。本书就是借由这些科学事实发声，以此展现积极情绪的神奇力量。全书共分六章，分别介绍了积极情绪的种类、表达与神经机制、积极情绪与认知功能、积极情绪与身心健康、积极情绪与社会交际、积极情绪从何而来。全书基于学术专业角度来探讨积极情绪的本质、机制以及功能意义，对科学探索积极情绪理论观点与研究成果进行了系统的回顾总结。

反思助学

1. 情绪的基本分类有哪些?
2. 詹姆斯-兰格理论的基本观点是什么?
3. 坎农-巴德理论的主要内容是什么?
4. 如何理解沙赫特的双因素理论?
5. 如何觉察自己的情绪?
6. 如何接纳自己的情绪?
7. 如何表达自己的情绪?
8. 如何理解感受的根源在于我们自己?
9. 在不同学段，情绪辅导的重点内容是什么?
10. 学完本章的心理课例，你有什么收获和感受?
11. 做完本章的团体辅导活动，你有什么收获和感受?

第八章
生涯辅导

内容概要

生涯辅导是学校心理辅导的重要任务，为人谋求终生幸福而服务，旨在使学生具备较强的生存能力，进而创造和拥有成功的人生。本章从基本理论和实践活动两个方面对生涯辅导进行介绍。在基本理论部分，主要介绍生涯辅导的含义、内容、方法、理论和升学择业辅导的重点内容。在实践活动部分，分别介绍有助于探索生涯的一个心理课例和一个团体心理辅导方案。

知识概图

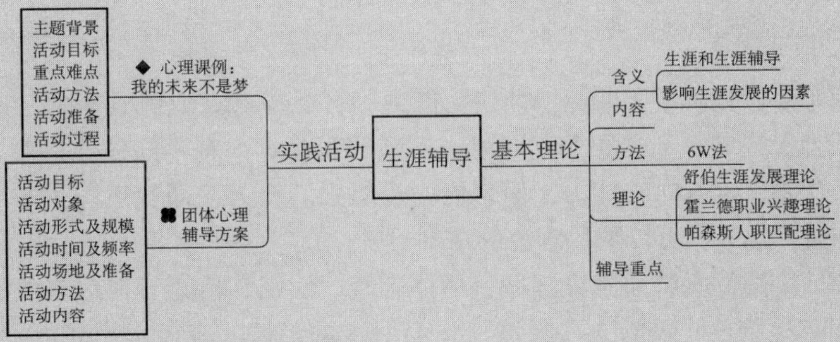

第一节　生涯辅导的基本理论

一、生涯辅导的含义

（一）生涯和生涯辅导

“生涯”一词指的是从事某种事业或活动的生活，含有职业之意。生涯的英文名为 career，包含经历、履历和职业之意。一般来说，“生涯”一词侧重在经历之意上，强调的是过程，而职业则是经历的结果。

中国台湾学者金树人（2007）认为，生涯辅导指由辅导人员结合其专业知识提供一套有系统的计划，用来促进个人的生涯发展。在这套计划中，结合了不同心理学科的方法与技术，帮助个人了解自己，了解教育环境、休闲环境与工作环境。经由生涯决定的能力，选择适当的生活方式，增进个人的幸福，进而谋求社会的福祉。

上海教育科学研究院吴增强研究员（2013）认为，生涯辅导是通过对学生的生涯认知、生涯导向、生涯试探、生涯选择、生涯安排、生涯进展等一系列有步骤、有阶段的活动，实现学生生涯成熟的目标的辅导活动。

（二）影响生涯发展的因素

影响生涯发展的因素众多，可以分为以下两大类。

1. 内在因素

（1）心理特质。如兴趣、性格、能力、自我概念、成就动机等。一定的性格适合于从事一定的职业；同时，不同的职业对人有不同的性格要求。不同的工作要求有不同的能力。但是能力足够强的个人，即使选择了非最优的职业道路，也一样可以取得理想的结果。

（2）生理特质。如健康程度、形体容貌、性别、精力等。对多数工作来说，都需要身心健康的人。有些工作会对人的形体、容貌提出较高的要求，而更多的人在就业时可能会受到性别差异的影响。

（3）经验。如受教育程度、受过的训练、掌握的技能、工作经历、休闲活动、社会活动、社交技巧等。

2. 外在因素

（1）社会因素。如社会经济状况、就业变化趋势、政策、机遇、种族、宗教等。社会经济状况会从宏观上影响所有行业，进而影响个人的选择。机遇对于任何人都是平等的，又总是降临于素质高、有准备的人身上。

（2）环境因素。如家庭背景、生态环境等。父母的社会经济地位、从事职业、家庭经济状况等都会对人的职业选择产生影响。

另外还有一些不可预期的因素，包括地震、意外、疾病、死亡等难以预期的事件。

二、生涯辅导的内容

美国国家职业信息协调委员会发布的《国家职业生涯发展指导方针》，对不同年龄段的人的职业开发指导做出权威规范，包括 12 条规范性要求，每一条都分为小学、初中、高中和成人四个阶段，并对应基本知识与能力测试等一系列不同等级和水平。

上海教育科学研究院吴增强研究员（2013）认为，中学生生涯辅导的主要内容包括以下四个方面。

一是了解职业辅导。包括了解职业、了解专业和了解社会。主要介绍职业的分类，介绍高一级学校的专业内容及与未来职业的关系。帮助学生研究职业内容和收集职业资料。

二是了解自己辅导。主要帮助学生了解自己的职业能力、职业兴趣、职业个性等心理特点和自身的生理特点。

三是人生探索辅导。主要帮助学生树立正确的职业观和择业观，了解职业的内涵和职业在人生中的重要意义，懂得学习与未来所从事的职业的关系。同时要教育学生正确对待社会分工和职业差别，树立正确的职业理想，能根据社会需要和自身条件选择专业或职业。

四是合理选择辅导。主要帮助学生根据自己的身心特点和职业要求，发现自己的长处，找出不足，在选择职业时选择最适合自身特点的职业或专业。同时鼓励学生积极地面对自己未来的路，通过自身的努力，达到自己的职业理想。另外，还要辅导学生掌握填报升学志愿和求职择业的技巧。

三、生涯辅导的方法

根据以上生涯辅导的内容，常用的辅导方法为职业生涯规划 6W 法（格伦高中学业规划研究中心，2016）。

1. 你是谁？（Who are you?）

自己是谁，是个什么样的人？通过回答这个问题对自己做全面的了解。

2. 你想做什么？（What do you want?）

自己想要什么？想要达成什么样的目标，包括学习目标、职业目标和成就感等？特别是学习目标，在中学阶段学习是第一要务，只有不断地确立学习目标，才能适应激烈的竞争，才能不断超越自我，实现人生理想。

3. 你能做什么？（What can you do?）

自己擅长什么？能做什么？专业技能何在？专业知识的学习和个人工作经历（如学生工作经历、社团工作经历、实习兼职经历等）的积累一样重要。

4. 环境支持你做什么？（What can support you?）

你的理想支撑点是什么？你具有哪些竞争力？个人、家庭、学校、社会的种种关系，也许都能够影响你的职业选择。

5. 什么是最适合你的？（What is the best for you?）

期望和理想很多，行业和职业众多，哪个才是适合你的呢？最好的选择并不一定是最适合你的，适合自己的选择才是最好的。要根据前四个问题的答案来回答这个问题。

6. 你能够选择什么？（What can you choose in the end?）

机会偏爱有准备的人。回答这个“W”后，你应该能够做出一个简单的职业生涯规划了。

四、生涯辅导理论

（一）舒伯生涯发展理论

1. 生涯发展阶段

舒伯（Super，1953）根据自己“生涯发展型态研究”的结果，参照布勒（Bueller）的分类，将生涯发展阶段划分为成长、探索、确立、维持与衰退五个阶段，不同阶段的任务也不同。

成长阶段（0～14 岁）：主要任务是认同并建立起自我概念。此时，对职业的好奇占主导地位，并逐步有意识地培养职业能力。其中 13～14 岁为能力期，以能力为主，开始考虑自身条件与喜爱的职业是否相符，有意识地进行能力培养。

探索阶段（15～24 岁）：主要任务是通过学校学习进行自我考察、角色鉴定和职业探索，完成择业及初步就业。其中 15～17 岁是试验期，综合认识和考虑自己的兴趣、能力以及职业社会价值、就业机会，开始进行择业尝试。

确立阶段（25～44 岁）：主要任务是获取一个合适的工作领域，并谋求发展。这一阶段是大多数人工作周期中的核心部分。

维持阶段（45～65 岁）：主要任务是通过进修或继续训练来保持或开发新的技能，维护已获得的成就和社会地位，维持家庭和工作二者间的和谐关系。

衰退阶段（65 岁以上）：主要任务是逐步退出职业和结束职业，开发社会角色，减少权利和责任，适应退休后的生活。

在以后的研究岁月中，舒伯对发展任务的看法又向前跨了一步。他认为在人一生的生涯发展中，各个阶段都要面对成长、探索、确立、维持和衰退的问题，因而形成一个周而复始的循环。如表 8-1 所示。

表 8-1　生涯发展任务的循环

发展阶段	年龄			
	青春期	成人前期	中年期	成人后期
	15～24 岁	25～44 岁	45～65 岁	65 岁以上
衰退	减少用于嗜好的时间	减少运动时间	集中于主要活动	减少工作时间
维持	验证当前的职业选择	设法保持工作的安定	巩固自己，面对竞争	保持仍有兴趣的事
确立	开始创业	安于现职	学习新的技能	做向往已久的事
探索	学习以获得更多的工作机会	寻找机会，做自己喜欢做的事	辨识新问题并设法解决	寻找合适的退休后活动场所
成长	发展适宜的自我概念	学习与他人间的关系	接纳个人的局限	发展非职业性的角色

2. 生涯彩虹图

舒伯关于生活广度与生活空间的发展观萌生于 1974，经过六年的修订完善才正式提出（Super，1980）。舒伯将它命名为“生涯彩虹图”（见图 8-1）。

在生涯彩虹图中，横向层面代表的是横跨一生的生活广度。各个时期年龄划分要依据个体不同的情况而定，有相当大的弹性。纵向层面代表的是纵贯上下的生活空间，由一组职位和角色组成。舒伯认为，人在一生当中必须扮演几种主要的角色，依次是子女、学生、休闲者、公民、工作者、持家者。

在不同阶段，个体扮演的角色和承担的任务各不相同，在生涯发展的时间、宽度和深度上也表现出不同的特点。

3. 生涯的拱门模式

舒伯在 1990 年提出了一个拱门模式（见图 8-2），拱门的灵感来自英国剑桥郡著名的诺曼拱门（金树人，2007）。

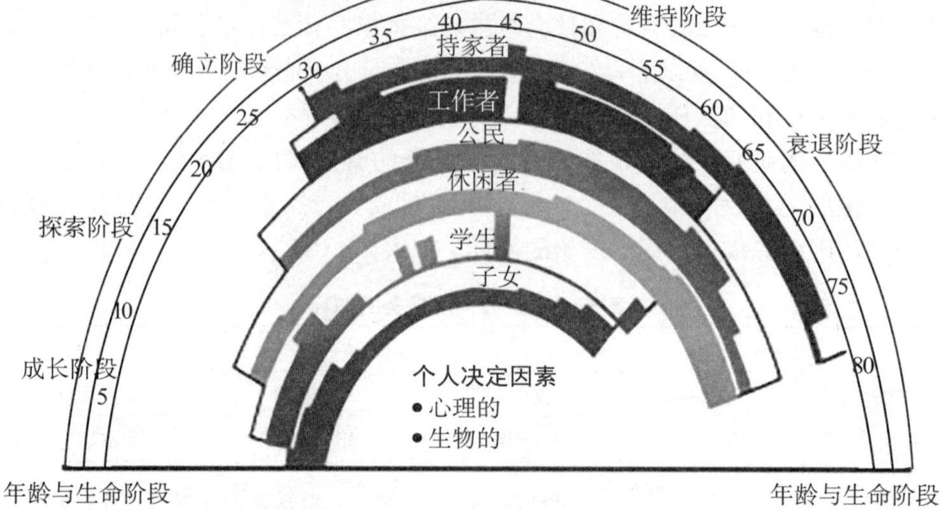

图 8-1 生涯彩虹图

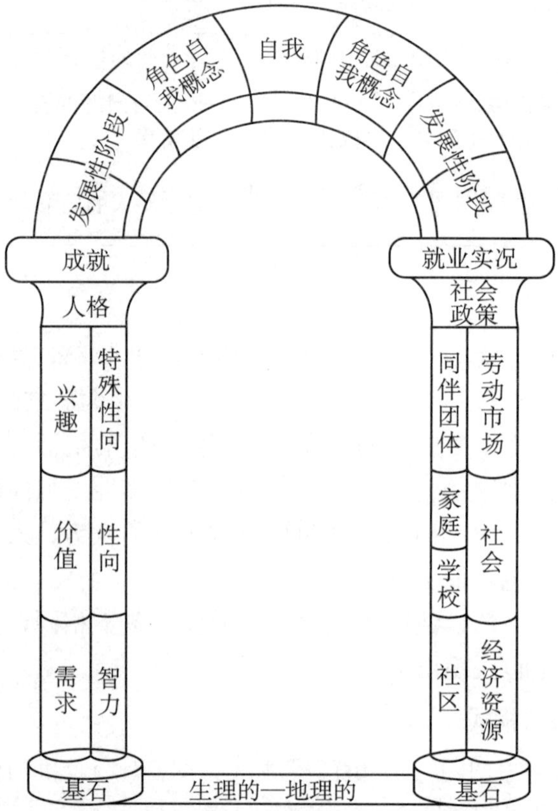

图 8-2 舒伯的生涯发展拱门模式

在这个拱门模式中，最基础的底层部分有三：左边是生理基石，主要是个体的生理遗传基础，它支持了个人心理特质的发展，如需求、价值、兴趣、智力、性向与特殊性向，这些因素发展出一个人的人格倾向，并影响个人的成就表现。右边是地理基石，主要是个体的成长环境，包括社区、学校、家庭、同伴团体、经济资源、社会、劳动市场等社会范畴，这些因素影响了社会政策及就业实况。中间则是这两个基石延伸交互熔铸的地基。连接左右两大基石的拱形，则由生涯发展阶段与自我概念串联而成，主导个人的生涯选择与发展。

（二）霍兰德职业兴趣理论

约翰·霍兰德（John H. Holland）是美国心理学教授，著名的职业指导专家。他于1959年提出了具有广泛社会影响的职业兴趣理论。霍兰德认为，人的人格类型、兴趣与职业密切相关，凡是具有职业兴趣的职业，都可以提高人们的积极性，促使人们积极地、愉快地从事该职业，且职业兴趣与人格之间存在很高的相关性。霍兰德认为职业人格类型可分为现实型（R）、研究型（I）、艺术型（A）、社会型（S）、企业型（E）和常规型（C）六种类型。

霍兰德将其职业人格类型理论运用于美国劳工部制定的职业条目词典，借助职业分析的有关内容，将其中12 099种职业赋予霍兰德人格类型代码，编撰了《霍兰德职业代码词典》，为各类人员按照自己的职业兴趣类型搜寻合适的职业提供了方便的工具。

表8-2列举了职业人格类型及适宜的专业群对照表。考虑到文化差异和具体研究的差别，以下仅供参考。

表8-2　职业人格类型及适宜的专业群对照表

类型	特征	适宜专业群
现实型（R）	顺从、坦率、谦虚、自然、坚毅、实际、有礼、害羞、稳健、节俭	化学工业、机械工业、电子工业、电力工业、缝纫业、印刷业、建筑业、烹饪业、纺织业、交通运输业、玻璃与搪瓷制造业、冶炼与压延业、金属切削加工、工科各类、农林类专业等
研究型（I）	分析、谨慎、批评、好奇、独立、聪明、内向、条理、谦逊、精确、理性、保守	化学工业、机械工业、电子工业、电力工业、缝纫业、工艺美术品制造业、建材业、园林业、邮电通信业、医疗卫生业、文化教育业、经营管理业、工科各类、经济类、医药类专业等

续表

类型	特征	适宜专业群
艺术型（A）	复杂、想象、冲动、独立、直觉、无秩序、情绪化、理想化、不顺从、有创意、富有表情、不重实际	缝纫业、印刷业、建筑业、烹饪业、工艺美术品制造业、园林业、服务业、文化教育业、文学类新闻业、艺术类等专业
社会型（S）	合作、友善、慷慨、助人、仁慈、负责、圆滑、善社交、善解人意、说服他人、理想主义、富有洞察力	纺织工业、电力工业、电子工业、建筑业、交通运输业、邮电通信业、医疗卫生业、文化教育业、工艺美术制造业、服务业、文秘干部、社会科学类、师范类、卫生类专业等
企业型（E）	冒险、野心、独断、冲动、乐观、自信、追求享受、精力充沛、善于社交、获得注意、知名度	机械工业、交通运输业、商业物资供销、经营管理业、金融财会、医疗卫生业、园林业、服务业、文化教育业、公安政法类、商业经营类、企业管理类专业等
常规型（C）	顺从、谨慎、保守、自控、服从、规律、坚毅、实际、稳重、有效率、缺乏想象力	化学工业、玻璃与搪瓷制造业、冶炼与压延业、金属切削加工、粮食食品业、制药工业、金融财会、纺织工业、印刷业、邮电通信业、计算机应用、文秘干部、财经类、文秘档案类专业等

（三）帕森斯人职匹配理论

1909年弗兰克·帕森斯（Frank Parsons）出版了《职业选择》一书，在该书中提出了著名的“特质因素理论”。他认为，每个人都有自己独特的人格模式，每种人格模式都有相适应的职业类型。

所谓“特质”，就是指个人的人格特征，包括能力倾向、兴趣、价值观和人格等，这些都可以通过心理测量工具来加以评量。

所谓“因素”，则是指在工作上要取得成功所必须具备的条件或资格，这些可以通过对工作的分析而了解。

1. 职业选择的三大原则

一是了解自己。包括了解个人的态度、能力、能力倾向、兴趣、资源、限制及其他特质。

二是了解职业。指清楚地了解职业选择成功的条件、所需知识，不同职业工作岗位的优势、劣势，以及酬劳、补偿、机会、发展前途等。

三是上述两个条件的平衡。帕森斯的理论内涵就是在清楚认识、了解个人的主观条件和社会职业岗位需求条件基础上，将主客观条件与社会职业岗位（对自己有一定可能性的）相对照、相匹配，最后选择一个与个人相匹配的职业。

2. 人职匹配的类型

（1）因素匹配。例如，所需专门技术和专业知识的职业与掌握该种特殊技能和专业知识的择业者相匹配，或者脏、累、苦等劳动条件很差的职业需要吃苦耐劳、体格健壮的劳动者与之匹配。

（2）特性匹配。例如，具有敏感、易动感情、不守常规、个性强、理想主义等人格特征的人，宜于从事审美性、自我情感表达的艺术创作类型的职业。

气质类型与职业类型适配情况如表 8－3 所示。

表 8－3　气质类型与职业类型适配表

气质类型	人格特征	适宜的职业类型
胆汁质	精力旺盛，生气勃勃，热情，开朗，积极，坦率，刚强，表里如一；但易感情用事，情绪易波动，任性，脾气暴躁，心境变化快	导游、演讲者、节目主持人、推销员、外事接待员、演员、运动员、航空员、勘探人员等
多血质	动作敏捷，灵活好动，活泼，热情，兴趣广泛，善于交际，富有同情心，乐观，适应性强；但意志力薄弱，注意力容易转移，兴趣容易变换，性情浮躁，粗枝大叶	外交工作者、管理人员、驾驶员、纺织工人、服务人员、医生、律师、运动员、新闻记者、演员、检票员、军官、士兵、侦探、警察、公关人员、艺术工作者等
黏液质	沉着，冷静，稳重踏实，善于克制忍让，坚强而有耐性，生活有规律；但缺乏活力，灵活性不足，行动迟缓，为人拘谨，死板，因循守旧	科学研究人员、法官、医务人员、出纳员、保育员、话务员、播音员、会计师、调解员、图书管理员等
抑郁质	敏感，稳重，善于观察，想象力丰富，情感深刻持久，外表温柔；但情感脆弱，怯懦，畏缩，孤僻，行为缓慢	文书、打字员、校对人员、排版人员、化验员、检查人员、雕刻工作者、刺绣工作者、保管员、机要秘书、办公室职员、作家、画家等

五、生涯辅导的重点内容

根据教育部《中小学心理健康教育指导纲要》（2012 年修订），在不同学段，生涯辅导的内容各有侧重。如表 8－4 所示。

表 8-4　不同学段学生生涯辅导的重点内容

学段	生涯辅导的重点内容
小学低年级	
小学中年级	帮助学生建立正确的角色意识，培养学生对不同社会角色的适应能力
小学高年级	积极促进学生的亲社会行为，逐步认识自己与社会、国家和世界的关系
初中年级	把握升学选择的方向，培养职业规划意识，树立早期职业发展目标
高中年级	在充分了解自己的兴趣、能力、性格、特长和社会需要的基础上，确立自己的职业志向，培养职业道德意识，进行升学就业的选择和准备，培养担当意识和社会责任感

超级链接

不同年龄段学生的生涯发展任务

不同年龄段学生所处的生涯发展阶段不同，实施生涯辅导的重点也就要有所不同。以下是不同年龄段学生的生涯发展任务。

幼儿园到小学六年级，为生涯认知阶段。这个阶段的主要任务：个体对自我、职业角色、工作的社会角色、社会行为及自身应负的责任等方面有初步的认知，对生涯的意识初步觉醒。

小学六年级到初中三年级，为生涯探索阶段。这个阶段的主要任务：个体发展有关自我和职业世界的知识与从业技能，探索生涯方面的知识和其他有关生涯选择的重要因素，掌握一定的决策技能。

初中三年级到高中一年级，为生涯定向阶段。这个阶段的主要任务：个体进一步掌握有关的职业知识，能评价工作角色；进一步澄清自我概念，探索自我；了解社会的需求及个体自身的需求，发展社会行为；了解生涯计划与社会需求、自身需求的关系。

高中一年级到高中三年级，为生涯准备阶段。这个阶段的主要任务：个体进一步掌握进入某一个行业所需要的知识、相关的职业道德；进一步了解社会的需求和个体自身的需求，澄清自身能力倾向、对职业的兴趣和价值倾向；拟订接受高等教育或其他教育、训练的计划。

高中以后，为生涯安置阶段。这个阶段的主要任务：个体进一步探索对职业的兴趣及能力倾向，或重新认定职业选择；发展生涯的专业知识和技能；建立人际关系；正式迈入选定的教育或职业旅途。

（吴增强，2013）

第二节　生涯辅导的实践活动

◆ 心理课例：我的未来不是梦

主题背景

随着社会的变迁和发展，多元价值观在显示社会文明进步的同时，也给许多高中生带来了干扰。部分高中生学习动力不足，不知道自己将来可能拥有怎样的人生。本课程的宗旨在于协助学生自我探索，了解自己并思考学习历程与未来，对生涯规划有进一步的认识与接触，进而觉察到学习的重要性，认知学校教育是为将来的生涯做准备，了解教育与工作间的关系，以培养能力从事自己所选择的职业或接受进一步的教育。

活动目标

（1）了解目前社会上职业的种类，能清楚说出自己的职业倾向。

（2）认知自己的优点与需求。

（3）学习倾听与分享，规划自己的未来。

重点难点

（1）重点：学会规划自己的未来。

（2）难点：认知自己的优点与需求。

活动方法

想象、活动体验、讨论等。

活动准备

（1）设计学习单一“未来的城堡”、学习单二“我的未来”。

（2）准备《我的未来不是梦》歌曲及冥想放松训练类音乐，以备课程之需。

（3）准备课堂专题讨论用议题、海报纸及记录笔等，每组一套备用。

活动过程

1. 想象之旅（10 分钟）

教师请学生跟随指导语，进行一次人生探索之旅，穿越时空，头脑中勾画出未来 3 年、10 年、20 年、30 年自己的人生景象。

教师过渡语："我的未来不是梦"唱出了许多人内心的梦想，刚才的冥想之旅训练，也让我们再一次在轻松愉悦的氛围中穿越时空，进入未来 3 年、10 年、20 年甚至 30 年后的生命葡萄园中。希望今天的主题探讨，能为你开启自己的职业生涯规划之门，找到新的动力和方向。

2. 发展活动：探索未来（25 分钟）

学习单一　未来的城堡

班级______　姓名______　性别______　学号______　时间______

每个人心中都有一座美丽的城堡，城堡里有属于自己的梦想、成功、欢笑、泪水与希望。现在就请同学们花一点儿时间设想一下自己未来城堡的样子，为自己规划一个未来努力的目标。

（1）10 年后的我：（　　）已结婚　（　　）未结婚

（2）我是一个……的人。（可多选）

（　　）美丽善良　（　　）英俊潇洒　（　　）老实

（　　）孝顺父母　（　　）至少大学毕业　（　　）有理想

（　　）有爱心　（　　）有正当职业

（3）我认为自己存在的价值与意义是______。

（4）10 年后，我希望能拥有的良师益友是______。

（5）10 年后，我希望自己能拥有的职业是______。

（6）经由我的努力，10 年后的我是一位______。

发给每位学生一张"未来的城堡"学习单，指导学生完成并进行讨论。

参考题目：欲作生涯规划，必须先了解自己的特点，了解自己的个性、兴趣、能力、专长及相关的社会资源等。你对这些因素了解多少呢？你是否初步了解自我的特点及心理需求？

请 3～5 位同学分享一下自己对未来人生的憧憬及此刻的感受。

发给学生每人一张"我的职业"学习单，并进行讨论。

参考题目：①你将来最希望从事的职业是什么？理由是什么？此种职业需要具有何种能力？②我们现在学校里所学的课程对你未来想从事的工作有怎样的影响？

教师过渡语：职业选择应以自己的能力和兴趣作为重点。做自己喜欢且有能力做的事情，更有利于一个人幸福指数的提升及个人潜能的开发。

学习单二　我的职业

班级______　姓名______　性别______　学号______　时间______

1. 大学专业与科系的选择

医学	护理	通信工程	美工设计	电机工程	园艺
机械工程	畜牧	幼儿保育	水产养殖	信息管理	企业管理
金融证券	新闻记者	生物制药	酒店管理	大众传媒	工商管理
建筑	商业文书	药剂	餐饮管理	会计	导游
翻译	国际贸易	法律	室内设计	政治	教育学
心理学	体育	服装设计			

①请选出 3 个你最想读的科系或专业。

②你选择的理由：

2. 未来职业的选择

军警人员	社工人员	消防员	邮差	工程师	高级保姆
科学家	中小学教师	大学教授	运动员	医生	护士
机长	空服员	秘书	企业家	银行职员	政府官员
民意代表	记者	作家	艺术家	导演	演艺人员
摄影师	美容师	厨师	程序设计师	经纪人	律师

①请选出 3 个你最想从事的职业。

②你选择的理由：

3. 综合活动

将学生分为 5 组，每组一张海报纸、一支记号笔，组员共同决定一个喜欢的工作类型。

通过头脑风暴的方式，讨论如何通过教育与训练为未来想从事的工作做准备。请一位同学将讨论结果记录在海报纸上。

各组派代表上台分享小组讨论的意见，全班共同评估方法的可行性。

教师总结：唯有行动，梦想方可能成真。每个人自小就有梦想，梦想实际上就是一种理想，也是一种人生目标。梦想或许会随着年龄的增长而转变，但追逐梦想的热情不应改变。把握那一份热情，在年轻的时候努力、踏实地追求理想，因为人生的舞台要靠自己打造。预祝同学们美梦成真！

播放《我的未来不是梦》，大家跟唱，在歌声中结束课程。

温馨提示：

每个人都有属于自己的梦想。在学生讲述自己的梦想及困惑的时候，教师一定要在理解、尊重、接纳、无批评的前提下，给予必要的引领与疏导。要从学生们的实际出发，充分发挥学生自身的能量，避免生硬地说教，增强课程的实效性。

为增强课程的实效性，有条件的学校或班级可以邀请社会各界成功人士（也可以是家长）进入课堂，以切身经历向同学们讲述职业生涯规划的现实意义。

◆ 生涯教育团体心理辅导方案

活动目标

帮助学生探索自己的成长脉络，了解自己的职业兴趣特点，了解和澄清自己的价值观，唤起生涯规划的意识。

活动对象

高一年级。

活动形式及规模

团体辅导，每组 6～8 人。

活动时间及频率

每周 1 次，每次 2 课时，共五个单元 10 课时。

活动场地及准备

团体活动室，生命坐标图、A4 纸、海岛旅行图、短视频、拍卖锤、价值观项目表、拍卖单、空白的生涯彩虹图、水彩笔等。

活动方法

游戏体验、绘画表达、观看视频、案例解析等。

活动内容

第一单元 生命曲线：回看我的生命历程

1. 创始阶段（15 分钟）

（1）活动名称：桃花朵朵开。

（2）活动目的。

打破学生的防御，提高活动兴趣，导入主题，并实现分组。

（3）活动规则和程序。

学生自由走动。教师说："桃花朵朵开。"学生问："开几朵?"教师迅速报出一个数字，比如"5"，那么学生必须快速组成5个人的小组，紧紧靠在一起。落单或者人数不符的小组就算失败，可以请他们出来表演节目。

最后一轮，根据所有学生的总人数和想要分的小组数，确定报出的数字，最好是6～8人，完成本期活动的分组。

2. 转换阶段（30分钟）

（1）活动名称：我的生命树。

（2）活动目的。

引导学生探寻自己的成长历程，发现自己的兴趣爱好和能力资源。

（3）活动规则和程序。

● 绘制个人的生命之树。每一部分都可以用文字、符号、图形、色彩等来表达。

● 交流分享。向小组学生介绍生命之树中最让自己自豪的部分。

（4）注意事项。

整个绘画过程需要引导学生安静下来，跟随教师的引导进行思考和梳理。

3. 工作阶段（30分钟）

（1）活动名称：我的生命曲线。

（2）活动目的。

引导学生重新梳理自己生命中的重要事件，启发他们思考人生的价值和意义，树立积极向上的人生追求。

（3）活动规则和程序。

● 每人一张生命坐标图（见图8-3）。回想和感受自己经历过的重要事件，按照发生的时间和对此事件的满意度在坐标上用一个点表示，并把事件简要地标注在点的旁边。将所有的点连成线，边看线边觉察自己的感受。用虚线画出未来人生的趋向。

● 思考与分享。

参考问题：①你对过往的人生历程满意吗？②你对未来的人生发展有哪些期待？你所追求的价值和意义有哪些？③你认为自己生命的质量如何？④你希望如何实现自己的价值和意义？

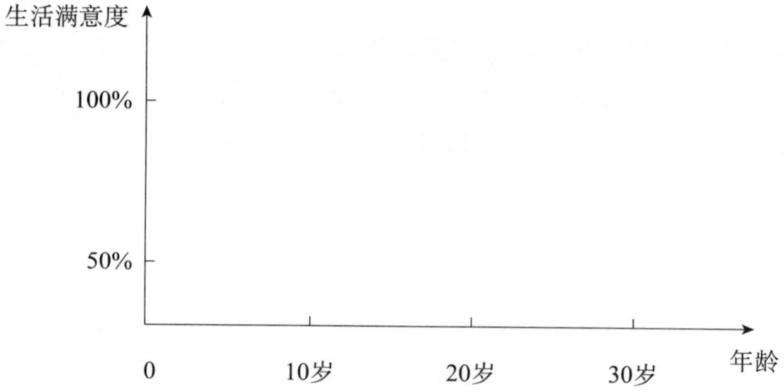

图 8-3　生命坐标图

4. 结束阶段（15 分钟）

（1）活动名称：能量圈。

（2）活动目的。

凝聚团体学生的成长动力，为后面的持续成长提供团体支持。

（3）活动规则和程序。

每个小组围成一圈，形成自己的能量圈，伸出右手，共同宣誓："我们在一起，一定了不起!"为接下来的共同成长加油鼓劲，彼此陪伴。

第二单元　海岛之旅：探索我的职业兴趣

1. 创始阶段（5 分钟）

（1）活动名称：比尔·盖茨的 5 个抽屉。

（2）活动目的。

引导学生初步了解兴趣的价值和意义，导入主题。

（3）活动规则和程序。

比尔·盖茨的办公室里有 5 个上锁的抽屉，分别对应着财富、兴趣、幸福、荣誉、成功 5 把钥匙。他总是只带一把钥匙离开，而把其他的钥匙锁在抽屉里。请问：盖茨带的是哪一把钥匙？

2. 转换阶段（10 分钟）

（1）活动名称：兴趣岛之旅。

（2）活动目的。

引导学生直观感受职业兴趣类型，为进一步的探索活动做好分组准备。

（3）活动规则和程序。

- 每人一张海岛旅行图，课前发给学生。

海岛旅行图

现在假设大家都有一次免费度假的机会，度假地点是 6 个岛屿，唯一的要求是你必须要在这个岛上待满至少 3 个月的时间。请不要考虑其他任何因素，仅凭自己的兴趣按一、二、三的顺序选出你最想前往的 3 个岛屿。

R 岛屿：自然原始的岛屿。岛上自然生态保持得很好，有各种野生动物。居民以手工见长，自己种植花果蔬菜、修缮房屋、打造器物、制造工具。

I 岛屿：深思冥想的岛屿。有多处天文馆、科技博览馆及图书馆。居民喜好学习，崇尚真知，常有机会和来自各地的哲学家、科学家、心理学家等交换心得。

A 岛屿：美丽浪漫的岛屿。布满了美术馆、音乐厅、街头雕塑和街边艺人，弥漫着浓厚的艺术文化气息。

S 岛屿：友善亲切的岛屿。居民个性温和、友善、乐于助人，重视互助合作，充满人文气息。

E 岛屿：显赫富庶的岛屿。居民善于企业经营和贸易，能言善道。经济高度发展，处处是高级饭店、俱乐部、高尔夫球场。来往者多是企业家、经理人、政治家、律师等。

C 岛屿：现代、井然的岛屿。岛上建筑十分现代化，是进步的都市形态，以完善的户政管理、地政管理、金融管理见长。

我最想前往的三个岛屿：1. ______ 2. ______ 3. ______

- 请凭自己的兴趣选出最想前往的 3 个岛屿，写在海岛旅游图的下面。
- 分组。请按照选择的岛屿顺序，快速进入你的兴趣岛。

（4）注意事项。

分组时，可以对岛上的人数进行适当限制，避免小组人数的悬殊。

3. 工作阶段（40 分钟）

（1）活动名称：海岛生活。

（2）活动目的。

引导学生运用自己的优势完成特殊任务，初步体验任务完成过程中的乐趣。

（3）活动规则和程序。

- 海岛生活初体验。请各小组在规定的时间里认真完成任务单中的各项任务。

海岛任务单

一般任务

1. 共同为自己的岛屿起一个体现本岛特色的名字。

2. 参考民风民俗资料写出本岛岛民的共同特征。

3. 写出本岛的岛民们有哪些兴趣和优势。

特殊任务

A 岛：设计一个符合自己岛屿特色的标志。

C 岛：假如你每周只有 100 元的生活费，请向大家说明你是如何合理规划自己的生活费的。

E 岛：请对班级管理条例进行讨论，并提出你们对于班级管理的修改意见。

I 岛：请用通俗的语言向全班同学阐述你熟悉或了解的一个科学理论（比如条件反射理论、相对论等）。

R 岛：请利用现有材料（包装盒、剪刀、胶带等）制作一座具有你们岛屿特色的房子。

S 岛：小 S 刚进入高一，在人际关系和学习上都遇到了一些困扰，向你们求助，你们会怎样帮助她呢？

● 成果展示。小组选 1～2 名代表，向大家介绍自己岛屿的特色，展示小组特殊任务成果。

（4）注意事项。

教师在成果展示阶段，既要对学生的探索和分享给予积极的回应、肯定和鼓励，又要及时帮助学生梳理和总结每一个兴趣岛的特点和优势，鼓励学生了解更多的岛屿特色和职业兴趣类型，为后面的自我探索活动做准备。

4. 结束阶段（35 分钟）

（1）活动名称：海岛记忆。

（2）活动目的。

帮助学生探寻自己感兴趣的职业，激励学生的优势发展，并促进同学间的相互支持与陪伴。

（3）活动规则和程序。

● 印象初现。请在职业兴趣六边形（见图 8－4）中找到自己的职业兴趣代码（你所选择的 3 个岛屿的代码），将它们连接起来，看看它们组成的三角是怎样的，在什么位置，面积如何。

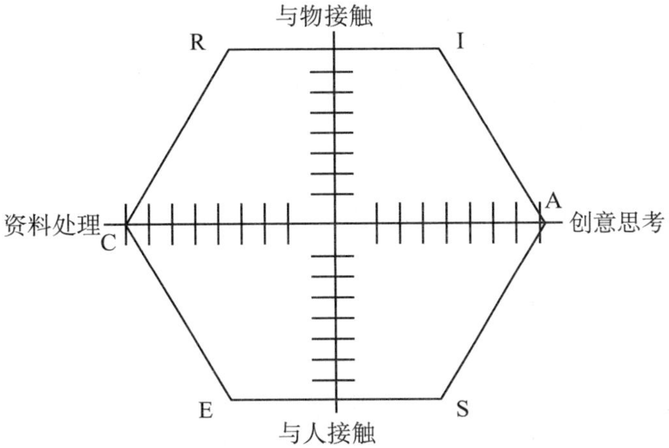

图 8－4　职业兴趣六边形

● 完成后，再从职场巡航单（见表 8－5）中，依据自己的职业兴趣代码，选出 5 个最感兴趣的职业。

表 8－5　职场巡航单

R 现实型	机械师、工程师、建筑师、飞行员、司机、运动员、动物专家、植物专家、木匠、服装制作师、厨师、技工、修理工、消防员、军警人员等
I 研究型	实验室研究员、教师、工程师、科技工作者、设计师、科学家、计算机程序员、医生、药剂师、保健师、营养专家、饮食学家等
A 艺术型	演员、模特、导演、设计师、主持人、雕刻家、建筑师、摄影家、画家、广告制作、舞蹈家、小说家、诗人、剧作家、记者、播音员、翻译等
S 社会型	经纪人、记者、教师、教育行政人员、社区工作者、社会学家、咨询师、辅导员、公关人员、会务人员、导游、海关检查员、护士、服务员等
E 企业型	项目经理、销售人员、部门主管、电视制片人、公关顾问、经纪人、政府官员、企业领导、法官、教练、律师、警官、机长、船长、列车长等
C 常规型	秘书、办公室人员、记事员、文字编辑、会计、预算师、审计师、行政助理、出纳员、银行家、税务员、打字员、裁判、邮递员等

● 个别分享。请学生展示他们的职业兴趣三角形。教师根据三角形的位置和大小，引导学生思考不同大小、不同位置的兴趣三角形之间有哪些共同点和不同之处，从而了解自己的职业兴趣特点，以及感兴趣的职业。

● 海岛记忆。回望本次海岛之行，写一篇海岛游记，记录本次海岛之旅的收获与感悟。

● 海岛留念。请在小组内分享你的收获与感悟，成员在彼此的作品中留言，相约未来，彼此陪伴。

表 8－6 是海岛民风民俗资料，供参考。

表 8-6 海岛民风民俗资料

R 岛：现实型	喜欢从事需要基本操作技能的具体任务性活动，如体能运动、户外劳作或机械操作。动手能力强，喜欢独立做事，更喜欢与动植物、工具、机器打交道的工作内容
I 岛：研究型	喜欢学习新知识，研究并解决抽象的问题，善于处理一些信息、观点及理论。喜欢智力的、抽象的、分析的、独立的定向任务，重视科学，做事喜欢精确，肯动脑，善思考，喜欢独立工作，不善于领导他人
A 岛：艺术型	喜欢创造和自我表达类的活动，具有独创的思维方式和丰富的想象力，直觉强烈，感情丰富。渴望表现个性，展现自己，做事理想化，追求完美。喜欢创造类的工作，注重审美、思索和感受，不善于固定的事务性工作
S 岛：社会型	喜欢与人交往，愿意教导、帮助他人成长或解决困难。喜欢从事提供信息、启迪、帮助、培训、开发或治疗类的服务性工作。关心社会问题，渴望发挥自己的社会作用，责任感强，比较看重社会义务和社会道德
E 岛：企业型	喜欢影响别人，沟通能力出色，追求声望、经济成就和社会地位。为人务实，做事有较强的目的性、计划性和组织性。敢于挑战，有胆略、有抱负，喜欢要求具备经营、组织管理、劝服、监督和领导才能的工作
C 岛：常规型	尊重权威和规章制度，喜欢安稳的、系统的、具体的、有秩序的工作或活动，喜欢处理文书或数据资料等。惯于按照计划和指导做事，按部就班，细心有条理。喜欢关注实际和细节情况，富有自我牺牲精神

第三单元 星空追梦：让兴趣成就未来职业

1. 创始阶段（15 分钟）

（1）活动名称：兴趣星空。

（2）活动目的。

引导学生了解自己的兴趣，并觉察自己对兴趣不同的投入程度和持续关注程度。

（3）活动规则和程序。

● 请画出你的兴趣星空图。一颗星星代表一件你喜欢的事情，可以根据喜欢和投入的程度画出每一颗星星。

● 思考并回答：这些兴趣之间有差别吗？差别在哪里？

2. 转换阶段（10 分钟）

（1）活动名称：兴趣金字塔。

（2）活动目的。

引导学生了解兴趣的三级模式及其发展过程，帮助学生探索发现那些可以带来能力提升的自觉兴趣和志趣。

（3）活动规则和程序。

● 兴趣金字塔：简单介绍兴趣金字塔（感官兴趣、自觉兴趣、志趣三级模式)。

● 兴趣的自我剖析：回看你的兴趣星空，将兴趣分层到兴趣金字塔。

● 学生思考并分享。

参考问题：①不同的兴趣可能给未来的职业发展带来哪些影响？②如果我们希望未来能从事一份自己喜欢的工作，从兴趣到未来职业，我们该做些什么呢？

(4) 注意事项。

简单介绍兴趣金字塔理论中的几个概念，帮助学生清晰理解即可。

3. 工作阶段 (40 分钟)

(1) 活动名称：我的兴趣成长之树。

(2) 活动目的。

引导学生对自己最希望发展的职业兴趣进行思考梳理，学会制订具体可行的学习培养计划，促进兴趣培养的行动落实。

(3) 活动规则和程序。

● 观看视频短片《疯狂的兄弟》。

● 案例解析：通过“黄渤的兴趣成长之树”，分析黄渤的经历，解析他在能力培养和学科素养两方面的努力和积累。

● 自我探索：我的兴趣成长之树。参考“黄渤的兴趣成长之树”，请选出你的兴趣星空中最大最亮的一颗星星，沿着“兴趣—志趣—专业—职业”发展的路径，从“能力培养”“学科素养”两方面，写下你曾经做过哪些努力，还需要做些什么，制作“我的兴趣成长之树”。

● 组内分享。

4. 结束阶段

(1) 活动名称：收获与感悟。

(2) 活动目的。

促进“兴趣—能力—价值”的良性循环，引导学生找到自己的兴趣点，投入其中，提高对未来兴趣职业发展的信心。

(3) 活动规则和程序。

● 小组代表分享。

● 回顾总结，联系现实。

第四单元 价值竞拍：我的人生我做主

1. 创始阶段 (10 分钟)

(1) 活动名称：换个角度认识自己。

(2) 活动目的。

引导学生了解自己的价值观念，引发学生对价值观的思考与探索。

（3）活动规则和程序。

请同学们根据自己的思考，完成下面的句子：

假如你是一种植物，你是______，因为______________。

假如你是一种动物，你是______，因为______________。

假如你是一种食物，你是______，因为______________。

思考并回答：你的答案里蕴含着哪些意义？你对于这些事物的解读代表着你的哪些价值观念？

2. 转换阶段（5 分钟）

（1）活动名称：选择的意义。

（2）活动目的。

引导学生了解选择对于人生的意义，并导入主题活动。

（3）活动规则和程序。

教师提出关于选择的一些问题引发学生思考。

参考问题：你曾经做过哪些选择，至今仍让你记忆犹新？在这些选择中，有哪些是自己主导的？选择的过程中，你常常会考虑哪些因素？

3. 工作阶段（40 分钟）

（1）活动名称：价值拍卖会。

（2）活动目的。

引导学生思考和探索自己的价值观念，创设选择的情境，鼓励学生学会抓住机会，不轻易放弃。

（3）活动规则和程序。

● 拍卖准备。每位学生一张价值观项目表（见表 8－7）及一张 A4 纸。先将手中的 A4 纸做成纸钞，面额可以为 50 万元、20 万元、10 万元，张数不限，但总金额必须为 100 万元。

表 8－7 价值观项目表

	项目	优先级	预估价	成交价
1	在你最喜欢的地方拥有一幢豪华别墅			
2	拥有一个环境优美而又神秘的小岛			
3	成为全世界最大图书馆的主人			
4	拥有一张无限次去世界任何地方的机票			
5	将一门技艺掌握到炉火纯青			
6	长久地拥有美丽浪漫的爱情			

续表

	项目	优先级	预估价	成交价
7	成为人们心目中的英雄			
8	拥有一家发展壮大的企业			
9	成为某一个领域里的知名行家			
10	健康地活到超过100岁			
11	能和家人经常共度周末			
12	身边常有三五个知心朋友			
13	拥有迷人的外表			
14	一直无忧无虑地生活			

注：各项目所代表的价值观：1. 舒适富足的生活；2. 美丽世界、自然的美；3. 睿智；4. 快乐休闲的生活；5. 自尊、成就感；6. 爱、亲密关系；7. 救世；8. 振奋的生活；9. 成就感、被认同；10. 健康舒适的生活；11. 家庭；12. 友谊；13. 美貌；14. 内在和谐快乐。

● 竞拍预算。在项目表中写下你的竞拍计划和估算，选出你最希望用手中的100万元买到的那些项目，并写下你对这些项目的预估价格和优先级。

● 拍卖规则：

①每一样东西的底价均为10万元。

②每位同学都有100万元作为拍卖本金，每次加价以10万元为单位，价高者得。

③每件东西叫价经三次确认后，即成交。

④若一次出价100万元，则立即成交。

⑤手中的纸币花完后，不可向银行借款，也不可以将买到的物品转卖。

● 拍卖现场。按照拍卖单，从上而下一一拍卖，记录每个项目的最后得主。

● 思考与分享。

参考问题：①你是否买到了自己认为最重要的价值观项目？如果是，买到时的心情如何？如果不是，因何故没有买到？没有买到时的心情是怎样的？② 你最想买的项目是什么？其背后隐含的价值观是什么？为什么它对你那么重要？③如果你什么都没有买到，为什么没有买到？你觉得遗憾吗？④参与拍卖活动时，你的心态如何？⑤你有什么启发和感受？请把你的心路历程写下来。

（4）注意事项。

● 纸钞面值亦可为其他面值，只是单位越小，所花时间越多。

● 拍卖工作亦可让学生轮流担任。

第五单元　生涯彩虹：做自己的人生设计师

1. 创始阶段（15 分钟）

（1）活动名称：我们是相亲相爱的一家人。

（2）活动目的。

增进学生的感情，为接下来的探索创造安全、温暖、支持的活动氛围。

（3）活动规则和程序。

每个小组围成一圈，从“我”字开始，先在身前弯腰拍手，后用双手轻拍两边同学的肩，先左后右，几个字拍几下。可以先跟随老师的示范，一起尝试。掌握要领后进行小组赛，看哪个小组做得最快、最整齐。

2. 转换阶段（5 分钟）

（1）活动名称：舒伯生涯发展理论。

（2）活动目的。

帮助学生了解舒伯的生涯发展阶段理论，为生涯彩虹图的绘制提供理论基础和工作思路。

（3）活动规则和程序。

讲授美国著名职业生涯规划大师舒伯的职业生涯发展阶段理论及生涯发展观。

3. 工作阶段（40 分钟）

（1）活动名称：我的生涯彩虹图。

（2）活动目的。

引导学生通过描绘、分享、解读生涯彩虹图，思考如何合理规划自己的人生，并理解人生规划的不同层面。

（3）活动规则和程序。

● 自我探索：描绘“我的生涯彩虹图”。每人一张空白生涯彩虹图（见图 8－5）。选择自己喜欢的不同色彩，描绘出你人生中的每一个角色。每个角色用一种颜色来代表；涂色的面积代表角色投入程度，长度代表角色的起始和持续时间。

● 组内分享。小组内分享各自的生涯彩虹图。

● 团体分享。每个小组选出一幅代表作品，按照“小组推荐－作者解读－同伴解读－教师点评回应”的流程，进行团体分享交流。

（4）注意事项。

教师点评过程要遵循资源取向的原则，对生涯彩虹图的解读要尽可能积极赋义。

4. 结束阶段（30 分钟）

（1）活动名称：分享与祝福。

班级：　　姓名：　　性别：　　年龄：　　绘画时间：20　年　月　日

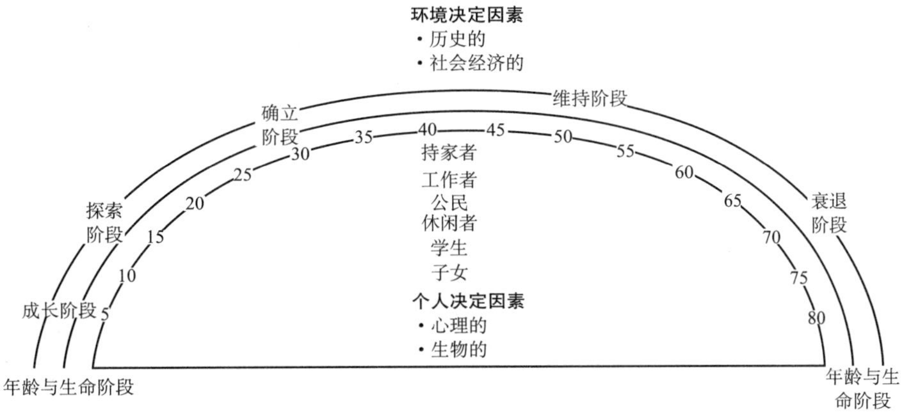

图 8-5　空白生涯彩虹图

（2）活动目的。

总结升华生涯探索的内在力量，鼓励学生彼此见证和祝福。

（3）活动规则和程序。

- 重新审视自己的生涯彩虹图。
- 请给自己的生涯彩虹图打一个分数，写下自己此时的心愿。
- 在小组内及团体内传递自己的生涯彩虹心愿卡，互相留言，送出祝福。
- 教师总结与祝福。

拓展阅读

1. 金树人．生涯咨询与辅导．北京：高等教育出版社，2007.

本书系统介绍了生涯咨询与辅导的相关理论与实践方法。首先，从中、西方观点厘清生涯的概念，以及生涯辅导活动的演进，详细说明生涯辅导的实施历程，包括生涯辅导服务的对象、服务的方式、咨询的历程、咨询师的能力与资格等。其次，以专章的方式分别介绍霍兰德类型理论、生涯发展理论、社会学习理论、生涯建构系统、故事叙说取向的生涯咨询、生涯决定理论、认知信息加工模式，以及运用荣格同时性概念的新兴生涯咨询取向。最后在实践的部分，以专章分别说明生涯咨询的不同干预方式，详细说明这些方法的源流以及实施方式。

2. 沈之菲．生涯心理辅导．上海：上海教育出版社，2000.

全书分为五部分：生涯心理辅导概述、生涯心理辅导的理论基础、学校生涯教育与辅导的实施、生涯心理咨询、心理测量工具在生涯心理辅导上的应用。系统阐述了青少年生涯心理辅导的概念、实施方式、咨询方法、测量手段，以丰富的资料（尤其是我国港、台地区及欧美各国的案例）、多方位的视角，论述对青少年进行生涯辅导的理论与实践，并提供不少可资借鉴的实例。

3. 黄天中．生涯体验：生涯发展与规划．3版．北京：高等教育出版社，2015.

全书从生命尊严、生活品质、职业生涯和终身学习四个不同的人生切入面出发，对人的整个生涯发展进行了系统全面又极富针对性的阐述。内容涵盖了生涯规划、体验式学习、生命历程、信仰态度、生命关怀、自我了解、人际关系、压力管理、时间管理、休闲管理、个人理财、心理健康、职业生涯、生涯探索、生涯抉择、全人教育、终身学习及体验生涯等各方面的关系。旨在帮助学生通过体验式学习的方式认识自己、他人和周围环境，适应社会，规划个人生涯，提升自身价值。

反思助学

1. 什么是生涯辅导？
2. 影响生涯发展的因素有哪些？
3. 试用职业生涯规划6W法对自己的生涯进行规划。
4. 试述舒伯生涯发展阶段理论。
5. 舒伯生涯彩虹图的主要观点是什么？
6. 霍兰德职业兴趣理论对你有何启发？
7. 试述帕森斯人职匹配理论的主要观点。
8. 学完本章的心理课例，你有什么收获和感受？
9. 做完本章的团体辅导活动，你有什么收获和感受？

第九章

性教育

内容概要

性是人的本能和最基本的需要，既是一种生理存在，又是一种心理存在、社会存在。本章从基本理论和实践活动两个方面对性教育进行介绍。在基本理论部分，主要介绍为什么要进行性教育，性教育的主要模式、原则、内容，社会性别，多元的性和辅导重点。在实践活动部分，分别介绍了性教育的一个心理课例和一个团体心理辅导方案。

知识概图

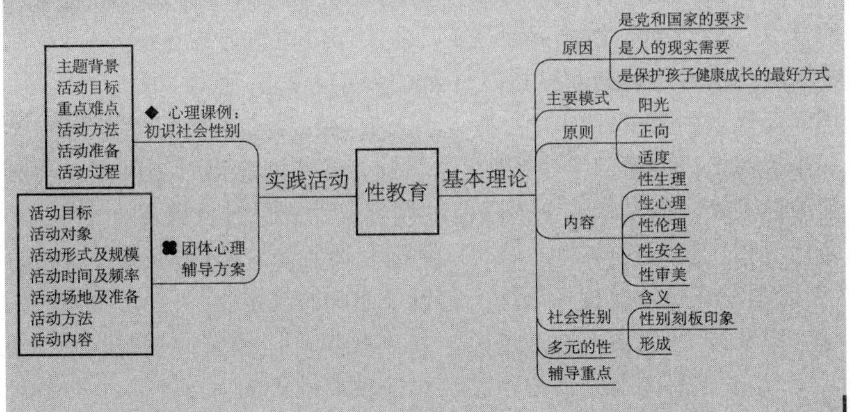

第一节　性教育的基本理论

一、进行性教育的原因

（一）进行性教育是党和国家的要求

新中国成立初期，党和国家领导人就注意到青少年性教育问题。如1954年，周恩来总理在给北京各大学应届毕业生的讲话中指出，要破除对性的神秘感，要对青年学生进行性知识教育（刘文利，2008）。1963年，在全国卫生科技规划会议期间，周恩来总理召见到会的医学专家时指出，医务工作者一定要把青春期的性卫生知识教给男女青少年，让他们能用科学的知识来保护自己的健康，促进正常发育……这是可以使他们终身获益不浅的事。要在女孩来月经之前、男孩子发生首次遗精之前，把科学的性卫生知识告诉他们。

为了开展性教育，国家先后出台了多个政策文件。1988年，国家教委和计生委联合下发《关于在中学开展青春期教育的通知》，指出青春期教育包括性生理、性心理、性伦理教育等三个方面。该通知的发布，标志着性教育被正式纳入我国中学教育的内容。2007年，国务院办公厅转发教育部《中小学公共安全教育指导纲要》，对中小学生的性安全教育的内容和实施途径进行了明确的规定。2008年，教育部通过了《中小学健康教育指导纲要》，对性健康教育的课时、内容、实施途径进行详细的规定。2020年10月17日，第十三届全国人民代表大会常务委员会第二十二次会议第二次修订《中华人民共和国未成年人保护法》第四十条规定："学校、幼儿园应当对未成年人开展适合其年龄的性教育，提高未成年人防范性侵害、性骚扰的自我保护意识和能力。对遭受性侵害、性骚扰的未成年人，学校、幼儿园应当及时采取相关的保护措施。"对学校开展性教育从法律上进行了明确的规定。

尽管国家有关部门已经出台了一系列政策，但也有一些局限性（彭涛，2011）。一是缺乏具体与刚性的条款，对性教育推行的力度不足。二是对性教育内容的规定较为局限。比如《中小学健康教育指导纲要》所涉及的内容基本限制在"男女青春期生理发育及心理成长"和"性病和艾滋病预防"的层面，无法全面体现性教育的本质和内涵。

（二）进行性教育是人的现实需要

我们要正视这样一个人口学的事实——青少年性待业期延长。研究表明，

20世纪的100年间，每隔25年左右，少男少女进入青春期的年龄平均提前1年。在20世纪初，温带地区的青少年要到十六七岁才开始性成熟，相应的结婚年龄在十八九岁甚至更早。现在，因为气候变暖、营养与健康水平提高、媒体信息刺激等，青少年的性成熟已提前到十二三岁甚至更早，而结婚普遍推迟，在倡导晚婚晚育的中国，城市青年男女初婚年龄已推迟到二十三四岁甚至更晚。从性早熟的十二三岁到晚婚的二十三四岁，其间要经历十年以上的等待，这段时间，学者们称为“待婚期”或“性待业期”。从生理的角度来讲，男孩子从第一次遗精开始，女孩子从第一次月经开始，就已经具备性行为的能力，但是他们却只能压抑自己的这些能力和需求。

（三）进行性教育是保护孩子健康成长的最好方式

1. 不进行性教育，危害众多

性教育的缺失、性信息的泛滥，导致出现了一些问题。

2010年，由国务院妇女儿童工作委员会办公室、联合国人口基金会和北京大学人口研究所联合发布的《中国青少年生殖健康调查报告》显示，我国15～19岁青少年中，8%的女孩有过性经历。在有性行为的女性青少年中，21.3%的人有过怀孕经历，选择人工流产者超过86%。被访青少年中，首次性行为的最小年龄为12岁，中位年龄为20岁。男性青少年中有多个性伴侣的比例高于女性青少年中的比例，15～19岁的青少年中有多个性伴侣的比例高于20～24岁的青少年中的比例。

由此牵涉的避孕情况更令人担忧：青少年对避孕工具和措施不使用或使用率低。调查显示，有性行为的女孩中21.3%有过怀孕经历，4.9%的人有过多次怀孕经历。15～19岁青少年的多次怀孕率高于20～24岁青少年的，校外青少年的怀孕率与多次怀孕率均高于在校青少年的（李海秀，2010）。

在张引墨、孙云晓合著的采访实录《藏在书包里的玫瑰》中，13位受访中学生的实话实说让青春期性问题触目惊心。作者至少讲述了以下五个事实（张引墨，2004）：半数以上是公认的好学生，他们均是为纯真的、青春萌动的爱情自愿付出人生的第一次；初次性交时，他们都感到紧张无措，100%不用避孕套，没有人从中体味到快乐；至今没有人与其“第一个”仍然保持爱情关系；有过性行为的事实，父母与老师100%不知道；他们对学校和家庭的性教育100%不满意。

2010年青爱工程办公室编印了一本小册子《性教育，是仁慈的》，提出了性教育缺失的九宗罪：一是性盲，对性一无所知，缺乏基本的常识；二是青少年性犯罪，因为接触了色情品，难以控制自己，出现一些猥亵、强奸等犯罪行为；三是不懂安全的性，不知道应该如何避孕，不知道如何保护自己；

四是少女妈妈，十几岁的年龄，自己还没有长大，已经生下孩子，成了妈妈；五是杀婴，一些少女妈妈，由于无知或害怕，在生下孩子后将婴儿遗弃或杀害；六是性伦理缺失，把性视同儿戏，任意妄为；七是儿童遭受性侵害；八是幼儿性行为及性伤害；九是家长及学校失责。其实归纳一下，可以说有三种危害：一是危害青少年自己，二是危害他人，三是危害社会。

2. 教师和家长是进行性教育的最佳人选

人们学会用火，不等于要放火；人们知道用刀，不等于要杀人；人们学习法律，不等于要犯罪。同样，进行性教育，不等于要教孩子做爱（石建军，2015）。

农民除草的经验是用庄稼来取代杂草。同样的道理，如果教师和家长不敢和孩子交流性教育的话题，他们就会寻求其他的途径，比如网络、同学等。而一些错误的信息就会随之传播。因此，最好的方式是由教师和家长来告诉孩子相关的知识，告诉孩子们该怎么做。

2010 年 8 月，中国青年报社会调查中心通过民意中国网，对 3 032 人进行的一项调查显示，72.5%的人曾经遇到过性方面的困扰。谁最应该承担性教育的主要责任？调查中，“学校”排名第一（81.8%），其次是“家长”（78.9%），再次是“媒体”（46.5%），排在第四位的是“政府”（43.4%）。接下来还有其他专业机构或组织（20.1%）、医院或医务人员（14.8%）、社区居委会（7.5%）等（王聪聪，2010）。

由此可见，由教师和家长来给孩子进行性教育是最合适不过的。但可惜的是，由于很多教师和家长在这方面的不作为，网络和同样无知的同伴成了孩子们学习性知识的首选。

二、性教育的主要模式

国际社会围绕着性教育，在过去 30 年间存在着不同的理论与流派之争。世界卫生组织发布的《欧洲性教育标准》中，将当今国际社会的性教育模式归纳为三种，分别是禁欲型性教育（abstinence sexuality education）、综合型性教育（comprehensive sexuality education）、整合型性教育或全人型性教育（holistic sexuality education），并且对上述三种性教育模式进行了评述（方刚，2013）。简言之，禁欲型性教育的目标是让青少年“守贞”，综合型性教育的目的是让青少年“安全”，整合型性教育的目的是帮助青少年“成长”。

三种性教育模式的比较如表 9-1 所示（爱芙琳·乐曼，2003）。

表 9－1　三种性教育模式的比较

		整合型性教育	综合型性教育	禁欲型性教育
目标		确保所有性生活活跃的人都有做出负责的性行为所需的技能	提升性健康，取得技能，做出负责的决定	教导未婚青少年婚姻前禁欲，不要性交
价值	责任感	选择性健康和责任感的个别道德行为	在性关系中练习负责任，包括禁欲	婚前禁欲以示负责
	开放	家人、教育者和保健人员与青少年就性作开放、诚实、一致的讨论，没有禁忌	让年轻人有机会去质疑、评估家庭价值，并发展出自己的价值	不提供禁欲以外的其他避孕信息，回避有争议的话题
	道德	个人道德包括责任感、爱、尊重、容忍、公平	在性方面尊重多元化的个人信念	团体道德需要服从单一道德
	禁欲	父母支持禁欲和性生活活跃的青少年做出负责任的选择	在性方面尊重多元化的个人信念	团体道德需要服从单一道德
成年人的态度		性是与发育和公共卫生相关的议题，不必感到恐惧和羞耻，接受青少年的性交是亲密关系的一部分，年轻人感到被珍惜，得到信任	性是与发育和公共卫生有关的议题，所有人都有权利做出负责的性选择，所有小孩都应该得到爱与关怀	未婚性交是道德败坏，成年人晓得什么对孩子最好，孩子应该服从长辈
性教育模式		鼓励特定的健康性行为，年轻人主动发问	提供正确信息和技能，让年轻人练习负责任，鼓励孩子讨论性方面的事	提供年轻人在婚前禁欲不要性交的动力，不鼓励孩子讨论性事
政府参与		补助媒体宣传运动，补助学校、家庭计划中心、全国保健的性教育	家庭计划中心得到一些政府资助	提供资金给禁欲教育（守贞教育）的学校和其他场所
服务渠道		免费且方便获得的避孕、紧急避孕、咨询、堕胎渠道	向有性关系的年轻人宣传获得信息和保健服务的渠道	年轻人不应该涉足性关系，也不需要信息和服务渠道
政策基础		以研究充实教育	以研究充实教育	政治/宗教影响教育
范围		从幼儿园到高中，特定教育以及所有课程	从幼儿园到高中，通常融入家庭生活教育中	从初中到高中，特定教育

三、性教育的原则

性是科学的，而非淫秽的。性学是一门科学，我们要以科学的态度、坦然的心态来面对。

进行性教育的基本原则有以下三点。

（一）阳光的原则

要树立性知识也是知识的观念，打破性羞涩。把性置于阳光下，自然大方地和学生进行交流。要有问必答，因为回避只能激发性好奇，就像对“我从哪里来”的问题一样，不应再出现“路上捡的”“河边拾的”等答案。这样，学生才不会偷偷摸摸地去网上或在色情物品中满足他们的好奇。

（二）正向的原则

要打破性是肮脏的、下流的传统观念，用积极正向的态度看待性。性是美好的，不是肮脏的。每一个人都是父母爱的结晶、性的产物。我们一定要去掉性的污名化，还它本来的样子。用积极正向的眼光来审视性，看待性。比如，当女生来月经的时候，要高兴地向她祝贺，而不是告诉女孩真倒霉、很麻烦。因为月经的到来标志着女孩子在生理上有了做母亲的资本，是女孩走向成人的重要生理节点。教师和家长要让女孩子因为月经的到来而感到高兴，感到自己作为女性的自豪。

（三）适度的原则

对于学生提出的性问题，不要用成人的低俗的眼光来揣测学生，而要用学生的眼光来思考。回答要符合学生的心理特征。

总之，对性的态度，一定要是正面的、积极的；对学生的态度，一定要是平等的、开放的；对性教育的态度，一定要是全面的、包容的。

四、性教育的内容

联合国教科文组织《国际性教育技术指导纲要》（2018 修订版）将性教育主题归纳成 8 个核心概念：关系；价值观、权利、文化与性；理解社会性别；暴力与安全保障；获得健康与福祉的技能；人体与发育；性与性行为；性与生殖健康。

我们认为，性教育的主要内容包括性生理、性心理、性伦理、性安全和性审美五个方面。性教育要以性生理和性心理为基础，以性伦理和性安全为核心。在孩子生理发育前，就进行性生理方面的教育；在孩子性意识萌动前，就进行性心理方面的教育；在孩子性行为发展前，就进行性伦理方面的教育。

（一）性生理

性生理主要是和性有关的生理知识。让学生了解生殖系统结构功能，青春期的第一、第二性征，月经、遗精等生理现象，生育过程与卫生常识，包括生殖器卫生、月经期卫生及性疾病防治知识等。

学习性生理知识是开展性教育的基础和前提。让学生掌握科学的生理知识，有助于消除性的神秘感。

（二）性心理

性心理是指人对性生理变化、性别特征、两性交往关系的内心体验。性心理教育包括男女生理发育心理、性别角色心理、青春期发育心理、恋爱心理、性生育心理、性变态心理等。性心理教育是青春期性教育中的重要部分。

（三）性伦理

性伦理是指人类调节两性关系及性生活的行为准则和社会规范的总和。性伦理所回答的主要问题就是什么样的性行为是正确的，是合乎社会发展要求的。对性行为的道德评价要坚持自愿、无伤、私密的原则。自愿就是发生性行为的双方都必须出于自愿，不能粗暴侵犯他人权利。无伤就是不伤害对方，不给自己和他人带来不良影响。私密就是性行为是当事人彼此之间的隐私，当事人不得故意在公共场合进行性行为，他人也不得故意窥视或拍照、录像进行传播等。违反任一原则都是不道德的行为，甚至会构成违法犯罪。

性伦理教育是性教育的核心内容，进行系统的性伦理教育有着极为重要的伦理价值和现实意义。

（四）性安全

性安全教育是关乎学生一生幸福的大事。性安全教育的内容主要包括以下三个方面：一是教育学生懂得自身的性权利，树立自我防卫的性安全意识，提高自我保护意识。二是教育学生了解性安全知识，学会认知不安全环境，能正确应对性骚扰、性侵犯，提高自我防卫能力。三是学会安全的性行为，避免性行为对自身生理、心理的安全造成危害。安全性行为是指把性行为与预防措施相结合，从而达到减少性传播疾病和艾滋病病毒感染的机会。安全性行为策略是通过逐级降低感染艾滋病病毒的风险行为来实现预防艾滋病等性传播疾病的目的。目前国际上公认的预防性传播疾病和艾滋病比较安全、方便、实用的方法之一就是使用避孕套。

（五）性审美

审美活动是审美主体和审美客体相互作用的过程。性审美是以男人或女人作为审美的主体或客体而相互作用的过程。

英国文学家戴维·H. 劳伦斯（David H. Lawrence）说，其实性和美是一回事，就像火焰和火是一回事一样。如果你憎恨性，你就是憎恨美。

性审美主要分为四个方面，即性社会价值美、性心灵美、性气质美和性仪表美（禹亚男，蔡文君，2011）。性社会价值美是性伦理美的核心，它是指个体在性审美方面要体现个体的社会价值，为社会的发展做出自己应有的贡献。性心灵美是体现个体的内在价值，即内心之中的自然美和道德美。性气质美通过两性的文化、道德、知识修养，并通过外部特征表现出来，是抽象的精神的快感体验。性仪表美是个体自身形态美和附着美的统一。自身形态美是指个体的人体美和举止行为美；附着美是个体的穿着打扮美。这四个方面相互联系，相互作用，共同体现和塑造了个体的性审美。

性审美与性诱惑的道德界定是以善、恶为标准的。所谓善，就是有利于他人、社会进步的行为；相反，不利于他人、社会进步的行为，为恶的行为。依照此标准，性审美与性诱惑的道德界定具体化为四个“有利于”（禹亚男，蔡文君，2011）：是否有利于性科学健康发展，弘扬性文明；是否有利于提高人们的鉴赏能力，促进身心健康；是否有利于提高人们的生活质量，使家庭幸福、青少年健康成长；是否有利于社会安定团结和社会主义精神文明建设。这四个“有利于”是从人与科学的关系、个人与自身、个人与他人、个人与社会中引申出来的善的行为，凡是符合四个“有利于”的界定即为性审美，否则为性诱惑。

五、社会性别

（一）社会性别的含义

社会性别理论认为，人的性别有生理性别和社会性别之分。

所谓生理性别（sex），是指从解剖学角度即生理的角度体现的两性和两性差异，有时也简称为性或性别。比如男人长胡子、女人来月经。生理性别是先天的、生来就有的、普遍存在的，一般来说不可更改。随着医学的发展，人们发现有的人生下来会有两种生殖器官，叫兼性人，所以人的性别也不是只有男女两性，还有第三性别。

社会性别（gender）是来自语言学的词。它是在社会文化中形成的对男女不同的期待、评价，以及男女各自的群体特征、能力特长和行为方式。比如人们普遍认为男性勇敢坚强、女性温柔软弱。

社会性别不是简单地指女性或男性及其心理和行为方式，还指他们之间的关系以及这种关系的社会构成方式。比如说人们长久以来形成的男尊女卑思想，指的是一种社会关系。这也是社会性别。社会性别是社会文化的产物，也随社会文化的变化而变化。不同的文化、不同的民族，对男女也有不同的期待和评价。比如说有些民族因文化传统重男轻女，形成男尊女卑的观念。现在人们正在摒弃这种错误的观念，主张和达成男女平等。包括现在很多婚恋的观念、生育的观念、社会性别的观念，都是在变化中的。

（二）性别刻板印象

刻板印象指的是人们对某一类人或事物产生的比较固定、概括而笼统的看法。比如很多人会认为北方人高大、南方人瘦小，湖南人吃辣、上海人嗜甜，等等。

性别刻板印象指的是人们对男性和女性所拥有的特质的比较固定、概括而笼统的看法。比如认为女性娇小柔弱，男性高大威猛。

心理学家研究调查发现，自古至今，世界各国都普遍存在着性别角色的刻板印象，即认为男性具有坚强、自信、能干、理智、成就动机高等品质，而女性具有敏感、柔弱、重感情、被动、顺从等品质。

性别刻板印象无处不在。在不同的文化背景下，人们普遍认为男性处于主导地位，独立而富有攻击性，以成就目标为导向，坚韧；而女性则处于辅助性地位，亲和而低自尊，在别人痛苦时更愿意提供帮助（桑特洛克，2013）。

国内外心理学家对男女大学生、研究生的择偶意向进行调查，其结果惊人地相似：男性优选女性的外貌，要求女性比自己的学历低；女性则倾向于选择那些比自己学历高、能干、地位高、收入高的男性。这种择偶意向实质上仍是受传统的男尊女卑、夫贵妻荣的性别刻板印象的影响。

（三）社会性别的形成

美国文化人类学家玛格丽特·米德（Margaret Mead）通过对新几内亚境内的三个原始部落的性别角色考察发现，两性人格特征的许多方面（虽不是全部方面）极少与性的差异本身有关。就像社会在一定时期内所规定的男女的服饰、举止等与生理特征无关一样。米德所调查的三个原始部落彼此相距不到 100 千米，但相互间的性别角色却迥然不同：阿拉佩什人，无论男女都有一种在一般人看来是女性的特征，顺从，温柔，待人热情，男女都照看孩子，攻击性极低。而与之相反的蒙杜古马人，男女都冷酷残忍，带有强烈的攻击性。女人的野蛮丝毫不逊于那些凶残的男子。她们都很少表现出母亲的特征，害怕怀孕，不愿照顾孩子。昌布利人，他们恰恰是阴阳互换，在那里，女人占统治地位，在经济生活中扮演重要角色，她们不戴饰物，精力旺盛，而男人则喜欢饶舌，照顾孩子，多愁善感，依赖性极强。米德据此提出，男女性别角色特征不是天生的，而是在不同文化中经过系统的性别角色社会化形成的。

社会性别的建构是一个过程，贯穿在个人一生的社会互动中，个人按社会期待的方式行动或反馈，并在建构中维护这种社会性别秩序。从另一个角度看，社会性别既然是被建构的，那么也可以被打破。进行性教育，就是要打破社会性别刻板印象，促进社会性别平等。

社会性别平等并不是说让男女在生理上都一样，而是指男女双方在社会角色、发展机会等方面获得平等。

六、多元的性

多元，从学术的角度来讲，指不同种族、民族、宗教或社会群体在一个共同文明体或共同社会的框架下，持续并自主地参与及发展自有传统文化或利益。

许多人认为多元是现代社会的最重要特征之一，也是科学、社会、经济等发展的关键性推动力量。在多元社会中，不同族群相互尊重与接纳，共同发展。在多元社会的观念下，社会反对任何歧视的政策，认为任何人不论性别、种族、民族、宗教甚至是性倾向或性别认同等，都不应受到任何歧视或差别对待，多元社会应互相包容和彼此尊重。

少数人是否要因为他们的身份或者个人的特点而受到歧视，受到排挤，受到欺凌？比如残疾人应不应该受到歧视？答案是不应该。但现实中很难做到。同样，一些与多数人性行为方式不同的人是否应该受到歧视，受到排挤，受到欺凌？答案也是不应该。但事实上他们也会受到歧视。

邓明昱博士（2013）认为，人类性行为的广度几乎是无穷的，从性本身来说，多元化是一种需求，就像男女之间的性交方式有很多种一样。

中国社会科学院社会学所李银河研究员（2015）认为，性的多元论主张按性欲自身的感觉来表达，拒绝任何单一的固定的表达方式。它的核心原则认为，差异是健康的和自然的，而不是病态的、邪恶的或者是政治上不正确的。

性的多元论表达了人对性活动的丰富多彩的需求，说明人类的性欲是多样的，而不是单一的。性的多元论的中心思想是对不同的生活方式以及对每个人追求自我目标的尊重，是对各种价值观的兼收并蓄的宽容态度。

超级链接

青少年同性恋

同性恋是指对与自己生理性别相同的人有性兴趣的性倾向。

同性恋并不意味着其外貌特征、性别角色或者人格与异性恋不同。许多男同性恋的外表和行为都具有典型的男性化特征；有些男同性恋是非常优秀的运动员。许多女同性恋的外貌和行为都具有典型的女性化特征。人们不能通过外貌和行为特征来判断一个人是不是同性恋。有些同性恋可能在社会和家庭生活中表现出典型异性恋的性别角色，也有些同性恋可能表现出相反性别的外貌、人格特征和相反的性别角色。

有多少人是完全的同性恋呢？不同的研究者给出了不同的数字（部分原因是他们对同性恋的定义有所不同），但大多数的估计值处于这样一个范围：2%～5%的成年男性和1%～2%的成年女性。但是，宣称自己曾经在生活中至少遇到过一次同性恋者的人数是这个数字的三倍之多。有多少青少年是同性恋呢？男青少年中同性恋的比例与成年男性中同性恋的比例相同，因为大部分男同性恋在生命的较早阶段就意识到自己的性倾向。但是对女同性恋来说，情况并非如此。青少年时期就意识到自己是同性恋或者给自己贴上同性恋标签的女同性恋者要少一些。

（多金，赖斯，2016）

七、性教育辅导的重点内容

根据教育部《中小学健康教育指导纲要》（2008），在不同学段，性教育辅导的内容各有侧重。如表 9－2 所示。

表 9－2 不同学段性教育辅导的重点内容

学段	性教育的重点内容
小学低年级	生命孕育、成长基本知识，知道“我从哪里来”
小学中年级	了解人的生命周期包括诞生、发育、成熟、衰老、死亡；初步了解儿童青少年身体主要器官（包括性器官）的功能，学会保护自己

续表

学段	性教育的重点内容
小学高年级	青春期的生长发育特点；男女少年在青春发育期的差异（男性、女性第二性征的具体表现）；女生月经初潮及意义（月经形成以及周期计算）；男生首次遗精及意义；变声期的保健知识；青春期的个人卫生知识
初中年级	热爱生活，珍爱生命；青春期心理发育的特点和变化规律，正确对待青春期心理变化；痤疮发生的原因、预防方法；月经期间的卫生保健常识，痛经的症状及处理；选择和佩戴适宜的胸罩的知识
高中年级	热爱生活，珍爱生命；青春期常见的发育异常，发现不正常要及时就医；婚前性行为对青少年身心健康的严重影响；避免婚前性行为

第二节　性教育的实践活动

◆ 心理课例：初识社会性别

主题背景

《中小学心理健康教育指导纲要（2012 年修订）》指出，心理健康教育的总目标是提高全体学生的心理素质，培养他们积极乐观、健康向上的心理品质，充分开发他们的心理潜能，促进学生身心和谐可持续发展，为他们健康成长和幸福生活奠定基础。要真正实现为学生健康成长和幸福生活奠基的目标，性教育是不可或缺的内容。

高中生在身体形态、身体器官机能、性生理等方面趋于成熟。性生理成熟带来了第二性征突出，性意识完全觉醒。高中生大多数会表现出一系列性心理行为。在此基础上，为学生提供探索自身价值观和态度的机会，培养其就有关性的诸多问题做出决策、进行交流和减少风险的能力至关重要。

《国际性教育技术指导纲要》指出，若抛开性别，就无从理解什么是性。联合国教科文组织和进步的国际性教育机构普遍认为，性人权理论和社会性别理论，是指导学校性教育最为积极有效的理论。社会性别理论认为，男女两性各自承担的性别角色并不是由生理决定的，而主要是后天的，是在社会文化的制约中形成的。

活动目标

（1）了解什么是生理性别，什么是社会性别，知道二者的区别。
（2）了解什么是性别刻板印象及其对人的影响。
（3）了解社会性别是如何受社会影响和塑造的。
（4）树立初步的社会性别平等意识。

重点难点

（1）重点：树立初步的社会性别平等意识。
（2）难点：了解社会性别是如何受社会影响和塑造的。

活动方法

心理游戏、讨论法、绘画、讲授法。

活动准备

画笔、被建构的社会性别任务清单、视频。

活动过程

1. 热身活动：性别印象词汇网（10 分钟）

以小组为单位，分别以“男孩”“女孩”为核心词，充分联想，写出六个代表其特点的词语，构建“词汇网”，并上台展示。

对词汇网进行分类。这些特点是生理性的，还是社会性的？

介绍生理性别和社会性别。生理性别是生物学角度上的性别，基于遗传学和解剖学的性别。社会性别是社会文化对不同性别的人的气质、角色、分工、行为与责任的期待与规范。生理性别不可以互换，社会性别可以互换。

教师过渡语：这些可以互换的品质，现在为什么成了某个性别独有的呢？

2. 发展活动：性别刻板印象（10 分钟）

心理学家研究调查发现，自古至今，世界各国都普遍存在着性别角色的刻板印象。国内外心理学家对男女大学生的择偶意向进行调查，其结果惊人地相似。

播放反映社会性别刻板印象的两个广告视频片段。

让学生反思“词汇网”，删除性别刻板印象的词语。

3. 主体活动：被建构的社会性别（20 分钟）

每组抽取一张任务清单。

任务清单

任务一：请为1岁、3岁、6岁、12岁、15岁的男孩各选一样礼物，并用图画画出。（展示时需要说明为什么选择该礼物。）

任务二：请为1岁、3岁、6岁、12岁、15岁的女孩各选一样礼物，并用图画画出。（展示时需要说明为什么选择该礼物。）

任务三：请就以下主题绘画：一些五六岁的孩子在跳皮筋。

任务四：请就以下主题绘画：一些十五六岁的学生在打篮球。

任务五：请将在座同学的名字分为男性化、女性化和中性化三类。

小组成员交流讨论，合作完成相关的任务。

各小组依次上台展示完成的任务。

从小到大，人们通过名字、游戏、服装、玩具、教养方式等进行社会性别的建构。社会性别的建构是一个过程，贯穿在一生的社会互动中，个人学习什么是被期待的、看到什么是被期待的，并且按被期待的方式行动或反馈，因此他（她）也在建构并维护这种社会性别秩序。

介绍著名社会学家米德对新几内亚三个部落的研究资料，用权威资料进一步说明社会性别是被建构的。

播放中央电视台科教频道半边天栏目《男孩女孩面对面》视频片段。

教师总结：社会性别是被建构的，因此也是可以被打破的。希望大家树立社会性别平等意识，打破性别刻板印象，尊重多元气质，促进社会性别平等。坚持自我选择，获得成长，做最好的自己。

温馨提示：

每个人都有选择自己生活方式的权利和成为什么样的人的权利，破除性别刻板印象、促进社会性别平等并不是让男孩都去做女孩做的事，让女孩都去做男孩做的事，而是要尊重他人的选择，并勇于面对真实的自己。

性教育团体心理辅导方案

活动目标

（1）帮助学生了解青春期面临的与异性交往的困扰，正视正常的异性交往。

（2）帮助学生正确面对自己的异样情愫，并通过分享让压抑的心情得到释放。引导学生认识到青春期情感的普遍性与常态化。

(3) 让学生了解“爱的三角理论”的相关知识，明白爱包括的类型和种类。帮助学生了解不同场合的异性交往原则，学会与异性交往的方法。

活动对象

初中二年级学生。

活动形式及规模

全班同学参与，活动分小组进行，分为男生组和女生组或按照每小组 6～8 人分成 4～5 组。

活动时间及频率

每周 1 次，每次 1 课时，共 5 课时。

活动场地及准备

团体活动室。

视频、卡纸、祝愿卡、白纸、马克笔、便利贴等。

活动方法

头脑风暴、情景剧、辩论、绘画等方法。

活动内容

第一单元　花季少年

1. 创始阶段

(1) 活动名称：青春的赞歌。

(2) 活动目的。

热身活动，活跃课堂气氛，引出课程主题。

(3) 活动规则和程序。

教师播放董卿的诗朗诵《青春》的视频，学生感受青春的美好。

(4) 注意事项。

学生在感受青春的美好时，教师要用语言引出青春的烦恼这一话题，引导学生思考自己是否有与异性交往的烦恼。

2. 转换阶段

(1) 活动名称：青春的烦恼。

(2) 活动目的。

通过书写自己的青春烦恼，释放压力，正视正常的异性交往，学会如何解决与异性交往的烦恼。

(3) 活动规则和程序。

- 学生采用匿名的方式，将关于异性交往方面的烦恼写在纸条上。

● 写完后放入纸箱中，教师抽取部分内容进行分享。

● 同学们通过讨论，探讨解决烦恼的方法。

（4）注意事项。

在抽取分享的时候注意有选择地抽选，尽量避免出现同类问题；学生探讨解决方法的时候，教师应注意对其进行引导，可从自身、他人等角度进行方法探讨。教师分享学生的困惑时，可以强调保密原则，消除学生的心理担忧，使其放松心态，分享自己的困惑。

3. 工作阶段

（1）活动名称：相处模式。

（2）活动目的。

通过展示与异性相处的几种模式，让学生在比较中选择正确的交往模式。

（3）活动规则和程序。

● 教师介绍与异性相处的几种模式：友谊型、羞怯型、模糊型、早恋型。

● 学生根据模式内容自由选择搭档，表演与异性相处的模式。

● 思考与分享：哪一种相处模式是对我们的成长有益的？为什么要提倡这种相处模式？

4. 结束阶段

（1）活动名称：青春透析。

（2）活动目的。

了解“异性效应”，转变与异性相处的态度，各自发挥自己的性别优势，构建和谐的班级氛围。

（3）活动规则和程序。

● 教师介绍“男女搭配干活不累”的“异性效应”。

● 学生结合生活中的事例，总结归纳男女生正常交往的好处。

● 教师带领学生回顾整堂课的内容，倾听学生的感受和想法。

（4）注意事项。

教师在听取学生总结归纳时，对男女生正常交往的好处要注意从多方面进行分析，同时也要注意引导学生向异性学习。

第二单元　美丽的吸引

1. 创始阶段

（1）活动名称：丢手绢。

（2）活动内容。

教师播放《栀子花开》，作为活动的背景音乐，全班同学在团体活动室中围成一个大圆圈开始进行两轮丢手绢的游戏。

（3）活动目的。

热身活动，消除男生与女生之间相处的紧张感，活跃课堂气氛，为后续活动进行铺垫。

（4）活动规则和程序。

第一轮要将手绢丢在异性同学的身后。第二轮要求学生将手绢丢在异性同学的身后，并且说出这位同学身上自己比较欣赏的一个特质。如果丢手绢这位同学被追到，则要再丢一次。注意，手绢尽量放在没有参与过的同学身后。

（5）注意事项。

教师要强调学生的安全问题，避免发生推搡等行为。教师要在游戏开始之时注意引导和鼓励，消除学生的羞怯感和不安感。

2. 转换阶段

（1）活动名称：我欣赏的他/她。

（2）活动目的。

讨论总结男生和女生身上被人欣赏的性别特质，借此审查自己的行为方式，做一个受欢迎的人。

（3）活动规则和程序。

小组讨论“我欣赏什么样的男生/女生”，按照男生和女生的分类，将性别特质写在便利贴上。教师邀请每组两位同学进行分享。

（4）注意事项。

学生在讨论性别特质时，教师应分别倾听各小组的讨论情况并作相应的引导，引导学生从多方面进行讨论，更加全面地总结男女生受欢迎的特质。

3. 工作阶段

（1）活动名称：性别荣耀之树。

（2）活动目的。

整体了解男生和女生受人欣赏的性别特质的重要性。

（3）活动规则和程序。

各小组根据这些性别特质的重要程度按顺序排列，完成各小组的“性别荣耀之树”，并说明理由。

（4）注意事项。

同一小组中可以有不同的意见，但“性别荣耀之树”表现的是大多数人的意见，要遵循少数服从多数的原则。

4. 结束阶段

（1）活动名称：吸引之法。

（2）活动目的。

学生通过对比自己的行为方式等，找到自己的不足之处，进行自我分析，学会提升自己的魅力的方法。

（3）活动规则和程序。

● 按照“性别荣耀之树”的内容，男生和女生分别进行自我分析，分析不足之处，讨论提出提升自身魅力的方法。重点讨论行为、爱好以及品质等可以改变的内容。

● 教师带领学生回顾整堂课的内容，倾听学生在本堂课的收获和感悟，对学生提出期望和要求。

第三单元　青春萌动

1. 创始阶段

（1）活动名称：心动纸条。

（2）活动目的。

活跃课堂气氛，吸引学生注意力。引导学生认识到青春期情感的普遍性与常态化，正确对待自己与身边同学的情绪情感，减少取笑、打趣他人的现象。

（3）活动规则和程序。

● 观看 MV《最好的我们》，教师提问：请大家分别从 MV 里男生和女生的角度分析一下，他们在互动过程中有什么样的感受？你如何评价这样的感情？

● 学生将自己是否有过喜欢他人的经历等内容写在纸条上，制作心动纸条，然后将其放入纸箱，教师进行匿名统计。心动纸条的内容可参考以下内容：①你是否有过心动的时刻？②你的心动时刻发生在什么时候？③心动的时候，你的内心状态是什么样的？④他/她身上的哪些特点让你心动？

（4）注意事项。

教师要给学生回想的时间，并在课程一开始强调保密原则。教师可以播放轻音乐帮助学生放松心情，创设一个安全、温馨的氛围。

2. 转换阶段

（1）活动名称：心动分享。

（2）活动目的。

帮助学生正确面对自己的感情，并鼓励学生分享自己的故事，让压抑的心情得到释放。

（3）活动规则和程序。

● 将心动纸条收入纸箱，教师随机抽选并进行分享。

● 学生讨论心动体验的共同点有哪些。

● 教师对以上内容进行总结，帮助学生正视这份情感。

（4）注意事项。

强调保密原则，课后不再传播。在分享和倾听过程中要闭上眼睛，不评论、不说话、不交头接耳。

3. 工作阶段

（1）活动名称：心动萌芽。

（2）活动目的。

让学生剖析心动的原因，帮助学生正视这种感情，合理选择自己的行为。

（3）活动规则和程序。

● 教师课前收集学生恋爱的原因，并进行统计。参考原因：异性吸引、案例需要、缓解压力、独立意识、自我认定、寻求刺激、长远打算等。

● 课堂展示“中学生恋爱心理调查统计表”，学生就此进行讨论：“有这些恋爱动机的心动是不是爱情？”

（4）注意事项。

教师在讲述恋爱心理动机的时候，要有明确的态度，让学生正确判断自己的情感。

4. 结束阶段

（1）活动名称：呵护心动。

（2）活动目的。

帮助学生处理学习与心动之间的矛盾，正确面对这种情感，正确看待别人的质疑和批评。

（3）活动规则和程序。

学生分小组讨论“怎么正确面对这种情感”“怎么面对别人的批评和质疑”“自己能做什么来改变别人的看法”等问题，每个小组讨论并汇报一个内容，其他小组可对其进行补充。

（4）注意事项。

教师要帮助学生端正态度，正确面对质疑和批评，采取合适的方法展示和提升自己。

第四单元 爱情向左，我向右

1. 创始阶段

（1）活动名称：爱情漫画。

（2）活动目的。

热身活动，学生通过画笔表达自己对爱情的期待和描述。

（3）活动规则和程序。

教师用 PPT 呈现“爱情”两个字，让学生自由联想。学生运用画笔和纸张将自己眼中的爱情画下来，并用一个词表达这幅画的内容。

（4）注意事项。

在学生绘画的过程中，教师可以放一首轻音乐为背景音乐，但不要进行引导，让学生表达自己内心最真实的想法即可。

2. 转换阶段

（1）活动名称：爱情漫谈。

（2）活动目的。

让学生表达自己对爱情的期待和幻想，了解关于“爱的三角理论”的相关知识，充分了解爱的含义。

（3）活动规则和程序。

- 学生分享自己的绘画和所选用的词语，并说明理由。
- 教师讲解罗伯特·斯滕伯格（Robert Sternberg）的“爱的三角理论”。

（4）注意事项。

教师在介绍“爱的三角理论”时，要用符合当前学生的认知和心理发展特点的语言。要求学生在别人分享的时候仔细倾听，不嘲笑、不起哄，充分尊重其他同学。

3. 工作阶段

（1）活动名称：爱情剧场。

（2）活动目的。

通过观看视频，帮助学生直观面对青春期的异样情愫，以及不同行为带来的不同后果，让学生了解面对这份感情时自己应采取什么方式。

（3）活动规则和程序。

教师根据影片内容对影片《舞动青春》进行剪辑，展示异性之间相互吸引、心动、相恋、产生矛盾以及结局的几个过程。教师可随机对学生进行提问，例如：“两位主人公决定在一起的初衷是什么？”“为什么会发生矛盾？”“发生矛盾后，他们是怎么解决的？”“你怎么看待他们之间的感情？”小组讨论应对之法以及如何正确对待爱情。

（4）注意事项。

教师倾听并接纳学生的想法即可，不要做出过多的评价。

4. 结束阶段

（1）活动名称：爱情畅想。

（2）活动目的。

正确面对青春时期的爱情。

（3）活动规则和程序。

学生根据“爱情来了，怎么办”或者“爱情还没来，怎么办”进行头脑风暴。要求学生思考这两个问题并进行回答，可以从心理态度、行为方式等方面进行作答。对整堂课进行总结，留给学生一个美好的畅想。

（4）注意事项。

注意保护学生的隐私。

第五单元 青春的心弦

1. 创始阶段

（1）活动名称：松鼠树洞。

（2）活动目的。

热身活动，活跃课堂气氛，消除男女生之间的局促感，体会男女合作的好处。

（3）活动规则和程序。

全班男女生混合进行松鼠和大树的游戏。

（4）注意事项。

教师可邀请两位同学参与示范，让学生更好地明白游戏规则。

2. 转换阶段

（1）活动名称：青春心事。

（2）活动目的。

帮助学生正确对待男女同学的交往。让学生体验流言蜚语的感受，从而让学生合理面对同学之间的正常交往。

（3）活动规则和程序。

教师用 PPT 展示：“小陈和小孙都是班委，经常在一起讨论工作。但是久而久之，班上同学开始传言，说他们俩关系不一般。为此，小孙感到十分苦恼，班级的工作也不敢和小陈讨论，结果影响了她的学习和工作！”

学生完成以下问题：小陈和小孙被传流言，可能是因为什么？小孙的感受是怎样的？之所以会有这样的感受，是因为什么？

分享自己被流言蜚语困扰的经历以及自己的感受，并作相应的分析。

（4）注意事项。

教师要注意引导其他同学感受被流言蜚语困扰的当事人的感受，体会自己的做法是否正确。

3. 工作阶段

（1）活动名称：青春修炼手册。

（2）活动目的。

通过不同的情景展示，帮助学生了解不同场合的异性交往原则，学会与异性交往的方法。

（3）活动规则和程序。

案例一：小吴是班级的学习尖子，弹得一手好钢琴，而且天生一副好嗓子，但她几乎不和男生讲话。男生有学习方面的问题想向她请教，小吴总是拒绝并且语气还不是太好。小吴私下对朋友说：男女同学之间应“规规矩矩”“各不相干”。

问题：小吴的交往方式和态度正确吗？你赞成她的方法吗？

案例二：课间，男生小张和小王遇到女生小李和小赵。小张很紧张，想和女生打招呼但是又不敢，红着脸鼓起勇气很小声地说：“你们好！”小李点点头，但是小赵抬着头，眼睛也不看他们，理都没有理他们。这时小王冲到小李身后，狠狠地拽了她的辫子，然后哈哈大笑着跑开，一边跑一边说：“笨蛋，你抓不着我，哈哈！”小李十分生气，大叫：“猪头，真讨厌，你下次再这样，我就对你不客气！”这时，小张很紧张，脸红红的一句话也不敢说，而小赵拉着小李说：“走吧，别理他们，男生都不是好东西。”

问题：他们四个人这样的行为合适吗？和异性同学交往应该怎么做呢？

4. 结束阶段

（1）活动名称：陌上花开，缓缓归矣。

（2）活动目的。

总结升华，转变学生对男女交往的态度，表达彼此之间美好的祝愿。

（3）活动规则和程序。

请同学们在祝愿卡上写一句最真挚的祝福（背景音乐：《友谊地久天长》）。请男女两位同学分别站起来大声读一下对异性朋友的祝福。小组内交流祝愿卡的内容。请同学们站起来，异性同学握手致意，互赠祝愿卡（背景音乐：《友谊地久天长》）。教师总结。

（4）注意事项。

教师要注意学生情感的升华和态度的转变，在握手环节避免学生尴尬。教师结语可回顾整节课，让学生正视男女交往。

拓展阅读

1. 方刚．性权与性别平等：学校性教育的新理念和新方法．北京：东方出版社，2012.

本书是方刚博士在丰富的理论研究、培训经验和教学实践的基础上，历经多年积累完成，是一部全面体现方刚性教育思想的著作。书中主要内容由中国性教育的现状与学校性教育的责任、性教育的理论基础、学校性教育的方式、中学性教育课程的设计与评议等几大部分组成。

2. 胡珍，吴银涛，李扁，等．与青春同行：社会性别与中学性教育．北京：科学出版社，2013.

本书是中国第一本将社会性别主流意识纳入青春期教育的中学性教育教师理论与实践指导用书。全书由两部分组成：第一部分，社会性别与中学性教育概述，结合国际上最新的性教育成果，将中国主流性教育中缺乏的社会性别意识贯穿全书；第二部分，社会性别与中学性教育教案选编，包括从初中到高中各年级的主题课和渗透课教案 36 个。

3. 徐震雷，张玫玫．性教育学．北京：人民卫生出版社，2014.

本书包括五个方面的内容：第一部分是人体发育与生殖健康，包括生殖解剖学和生殖生理学、生殖和预防怀孕、青春期的生理变化、预防性侵犯、预防性病和艾滋病；第二部分是关系，包括家庭关系、同伴关系、人际关系、婚姻与养育；第三部分是沟通与决策，包括对性问题的沟通，社会、家庭和同伴对决策的影响，决策的技能，寻求帮助和支持；第四部分是性别，包括性别的概念、性别与文化、性别与法律、性别与媒体；第五部分是性行为，包括持续一生的性、性行为和性反应、自慰与性梦、节欲。每个部分的内容都分为四个年龄组编写，分别是小学低年级（6～9 岁）、小学高年级（9～12 岁）、初中（12～15 岁）、高中（15～18 岁）。每个部分中的每个年龄阶段都有根据学生心理和身体发展阶段不同而设计的相应目标和核心内容。

反思助学

1. 为什么进行性教育？
2. 为什么说进行性教育是保护孩子健康成长的最好方式？
3. 试述进行性教育的原则。
4. 如何理解“性是科学的，而非淫秽的；性是美好的，不是肮脏的”？
5. 性教育的内容有哪些？
6. 怎么看待生理性别和社会性别的差异？
7. 什么是真正的社会性别平等？
8. 如何理解性的多元存在？
9. 学完本章的心理课例，你有什么收获和感受？
10. 做完本章的团体辅导活动，你有什么收获和感受？

参考文献

Pervin L A，John O P.（2003）. 人格手册：理论与研究：下册. 黄希庭，译. 上海：华东师范大学出版社.

爱芙琳·乐曼.（2003）. 青春嘿咻安全宝典. 朱恩伶，译. 台北：女书文化事业有限公司.

芭芭拉·弗雷德里克森.（2010）. 积极情绪的力量. 王珺，译. 北京：中国人民大学出版社.

戴维·迈尔斯.（2013）. 迈尔斯心理学. 9 版. 黄希庭，等，译. 北京：人民邮电出版社.

邓明昱.（2013）. 多元性行为与性偏好异常的概念. http：//blog.sina.com.cn/s/blog_4c1f4a1f010174ae.html.

董莉，周少贤.（2003）. 心理健康教育指导：人际篇. 北京：科学出版社.

樊富珉.（2005）. 团体心理咨询. 北京：高等教育出版社.

方刚.（2013）. 赋权型性教育：让学生学会管理性：中学性教育传统观念的颠覆与现状分析. 人民教育，(21)：34－37.

格伦高中学业规划研究中心.（2016）. 做自己的设计师：高中学业规划必读. 北京：华语教学出版社.

吉沅洪.（2011）. 树木—人格投射测试. 重庆：重庆出版社.

金树人.（2007）. 生涯咨询与辅导. 北京：高等教育出版社.

金·盖尔·多金，菲利普·赖斯.（2016）. 青春期心理学：青少年的成长、发展和面临的问题. 王晓丽，王俊，译. 北京：机械工业出版社.

乐国安.（2013）. 社会心理学. 2 版. 北京：中国人民大学出版社.

黎龙辉，刘良华.（2006）. 我国中小学心理健康教育发展的历史与现状：基于文献研究的思考. 中小学心理健康教育，(5)：4－7.

李伯黍，燕国材.（2001）. 教育心理学. 2 版. 上海：华东师范大学出版社.

李海秀．(2010－06－30)．青少年性与生殖健康堪忧．光明日报．

李洪伟，吴迪．(2009)．心理画：绘画心理分析图典．长沙：湖南人民出版社．

李银河．序言2//莫捷．(2015)．性存在．刘露，译．南京：译林出版社．

李中莹．(2014)．负面情绪的正面意义．http：//blog. sina. com. cn/s/blog _ b1ee3f600101szhc. html.

林崇德，俞国良．(2013)．《中小学心理辅导指导纲要(2012年修订)》解读．北京：北京师范大学出版社．

林崇德．(2012)．心理和谐：心理健康教育的指导思想．西南大学学报(社会科学版)，(3)：5－11.

刘华山．(2001)．学校心理辅导．合肥：安徽人民出版社．

刘明．(2010)．心醉神怡：心理咨询的秘密．北京：北京师范大学出版社．

刘儒德．(2010)．学习心理学．北京：高等教育出版社．

刘文利．(2008)．中国青少年性教育的历史回顾和发展概述．中国青年研究，(12)：9－22.

刘智运．(2008)．学习理论的新发展：内化与外化的双向建构学习理论研究．教学研究，(4)：283－290.

马修·麦凯，玛莎·戴维斯，帕特里克·范宁．(2005)．人际沟通技巧．上海：上海社会科学出版社．

孟万金．(2008)．积极心理健康教育．北京：中国轻工业出版社．

米奇·阿尔博姆．(1998)．相约星期二．吴洪，译．上海：上海译文出版社．

莫雷．(2003)．西方两大派别学习理论发展过程的系统分析．华南师范大学学报(社会科学版)，(4)：103－110.

彭涛．(2011)．中国性教育相关政策分析及建议．性与性别研究：第3辑：学校性健康教育，22－26.

山东省教学研究室，《中小学心理健康教育教师的理论与实践》编写组．(2012)．中小学心理健康教育的理论与实践：初中分册．济南：山东画报出版社．

石建军．(2013)．中小学心理辅导课理论与课例：高中卷．郑州：河南电子音像出版社．

石建军．(2015)．四步对话法：智慧父母与青春期孩子共成长．济南：济南出版社．

石建军．(2016)．中小学心理健康教育课程内涵研究述评．中小学心理健康教育，(17)：4－8.

孙易新．(2015)．思维导图应用宝典．北京：北京时代华文书局．

孙云晓，张引墨．(2004)．藏在书包里的玫瑰．北京：北京出版社．

汪凤炎，郑红．(2001)．中国古代有心理学思想吗？．赣南师范学院学报，(2)：56－60.

王聪聪．(2010－08－03)．学校父母皆羞涩：民调发现网络是青少年了解性的第一渠道．中国青年报．

王书荃．(2005)．学校心理健康教育概论．北京：华夏出版社．

王文静．(2002)．基于情境认知与学习的教学模式研究．华东师范大学．

王雁．(2002)．普通心理学．北京：人民教育出版社．

王贞贞．(2009)．初中生英语学习动机的特点及其与教师支持的关系研究．四川师范大学．

维吉尼亚·萨提亚，约翰·贝曼，简·格伯，等．(2007)．萨提亚家庭治疗模式．聂晶，译．北京：世界图书出版公司．

吴增强．(2004)．学校心理辅导通论：原理·方法·实务．上海：上海科技教育出版社．

吴增强．(2013)．青少年心理辅导：助人成长的艺术．上海：华东师范大学出版社．

伍新春．(2010)．中学生心理辅导．北京：高等教育出版社．

武丽志．(2004)．基于学习理论的校园网学习支持服务设计．河北大学．

燕国材．(2006)．非智力因素与学习．上海：上海教育出版社．

杨瑞莉．(1984)．500名青年工人、大学生交友活动的调查．青年研究，(9)：26－35.

杨鑫辉．(2000)．心理学通史：第1卷：中国古代心理学思想史．济南：山东教育出版社．

杨鑫辉．(2000)．心理学通史：第3卷：外国心理学思想史．济南：山东教育出版社．

尹秋云．(2010)．积极心理学视野下心理健康教育课程的错位与开发．黑龙江高教研究，(12)：166－168.

游火星．(2011)．初中生人际交往现状及主要影响因素，内蒙古师范大学．

禹亚男，蔡文君．(2011)．大学生性审美现状与对策．教育界，(30)：115－116.

约翰·桑特洛克．(2013)．青少年心理学．寇彧，等，译．北京：人民邮电出版社．

张春兴．(1992)．张氏心理学辞典．上海：上海辞书出版社．

张冬梅．(2010)．中学生心理辅导主题班会开展探究．教学与管理，

(6)：26.

张日昇．(2006)．箱庭疗法．北京：人民教育出版社．

张同延，张涵诗．(2007)．揭开你人格的秘密：房、树、人绘图心理测验．北京：中国文联出版社．

张耀翔．(1983)．心理学文集．上海：上海人民出版社．

赵兰兰，汪玲．(2006)．学习兴趣研究综述．首都师范大学学报（社会科学版），(6)：107－112.

郑日昌，陈永胜．(2003)．儿童心理辅导．上海：华东师范大学出版社．

中国青少年艾滋病防治教育工程办公室．(2010)．性教育，是仁慈的．

朱新春．(1993)．青少年生理与心理．上海：上海教育出版社．

朱源．(1987)．试论少年大学生自我意识的分化与统一．心理学探新，(1)：92－97.

Deci E L，Ryan R M. (1985)．The general causality orientations scale：self-determination in personality. Journal of Research in Personality，19 (2)：109－134.

Sansone C，Wiebe D J，Morgan C. (1999)．Self-regulating interest：the moderating role of hardiness and conscientiousness. Journal of Personality，61 (4)：701－733.

Schraw G，Bruning R，Svoboda C. (1995)．Sources of situational interest. Journal of Reading Behavior，(27)：1－17.

Super D E. (1953)．A theory of vocational development. American Psychologist，8：185－190.

Super D E. (1980)．A life-span，life-space approach to career development. Journal of Vocational Behavior，16：282－298.

图书在版编目（CIP）数据

中学生心理辅导/陈功香，石建军编著．-- 北京：中国人民大学出版社，2022.5

新编 21 世纪心理学系列教材

ISBN 978-7-300-30540-0

Ⅰ.①中… Ⅱ.①陈… ②石… Ⅲ.①中学生-心理辅导-高等学校-教材 Ⅳ.①G444

中国版本图书馆 CIP 数据核字（2020）第 059879 号

新编 21 世纪心理学系列教材

中学生心理辅导

陈功香　石建军　编著

Zhongxuesheng Xinli Fudao

出版发行	中国人民大学出版社		
社　　址	北京中关村大街 31 号	邮政编码	100080
电　　话	010－62511242（总编室）		010－62511770（质管部）
	010－82501766（邮购部）		010－62514148（门市部）
	010－62515195（发行公司）		010－62515275（盗版举报）
网　　址	http://www.crup.com.cn		
经　　销	新华书店		
印　　刷	北京密兴印刷有限公司		
开　　本	787 mm×1092 mm　1/16	版　　次	2022 年 5 月第 1 版
印　　张	13.25 插页 1	印　　次	2025 年 1 月第 2 次印刷
字　　数	232 000	定　　价	39.00 元

关联课程教材推荐

书号	书名	作者	定价（元）
978-7-300-32716-7	普通心理学（第3版）	张钦	69.00
978-7-300-28095-0	心理学基础	白学军	55.00
978-7-300-26722-7	心理学（第3版）	斯宾塞·A. 拉瑟斯	79.00
978-7-300-30451-9	认知心理学（第3版）	丁锦红 等	58.00
978-7-300-25882-9	生理心理学（第2版）	隋南	49.90
978-7-300-32539-2	实验心理学（第3版）	白学军	59.90
978-7-300-30715-2	社会心理学（第4版·数字教材版）	乐国安	68.00
978-7-300-32948-2	发展心理学（第5版·数字教材版）	雷雳	59.00
978-7-300-25588-0	变态心理学（第3版）	王建平	59.80
978-7-300-27212-2	教育心理学：原理与应用	刘儒德	58.00
978-7-300-32062-5	人格心理学导论（第2版）	许燕	59.00
978-7-300-28457-6	心理学专业英语	苏彦捷	49.00
978-7-300-30670-4	学校心理健康教育（第2版）	郑希付	58.00
978-7-300-28096-7	学校心理健康教育课程设计与教法	刘宣文	49.00
978-7-300-29975-4	儿童心理咨询	杨琴	59.00
978-7-300-33225-3	助人技术：探索、领悟、行动三阶段模式（第5版）	克拉拉·E. 希尔	99.00

配套教学资源支持

尊敬的老师：

衷心感谢您选择使用人大版教材！相关配套教学资源，请到人大社网站（http：//www.crup.com.cn）下载，或是随时与我们联系，我们将向您免费提供。

欢迎您随时反馈教材使用过程中的疑问、修订建议并提供您个人制作的课件。您的课件一经入选，我们将有偿使用。让我们与教材共成长！

联系人信息：

地址：北京海淀区中关村大街31号802室　　翟然 收　　邮编：100080

电子邮件：lgcbfs@crup.com.cn　　电话：010－62511967　　QQ：492788991

如有相关教材的选题计划，也欢迎您与我们联系，我们将竭诚为您服务！

选题联系人：张宏学　电子邮件：zhanghx@crup.com.cn　电话：010－62512127

人大社网站：http：//www.crup.com.cn

心理学专业教师QQ群：259019599

欢迎您登录人大社网站浏览，了解图书信息，共享教学资源

期待您加入专业教师QQ群，开展学术讨论，交流教学心得